YouTube「立ったまま筋トレ」の革命児

ユウトレ

ポイント

「立ったまま筋トレ」のポイント

「立ってやる」意味は?

腹筋といえば「床に寝るもの」だと思い込んでいませんか? 実は、寝たままだと首や腰に負担がかかりやすくなります。そしてお腹への負荷がかかりにくくなり、効果が出にくいのです。そこで考案したのが立ってやるトレーニング「立ち腹筋」。これが、失敗しづらい、効果が出やすいトレーニングなのです。

立ったままやるトレーニングの最大のメリットは、場所を問わず、いつでもどこでもできること。マットを敷く必要がなく、仕事や家事のすき間時間だってできちゃう。だから続けられるのです。

2倍速でやせ体質に!

立ってやるトレーニングの大きな特徴は「上半身と下半身を同時に動かせること」と「エラーが少ないこと」の2つです。

1つめの「上半身と下半身を同時に動かせること」というのは、筋肉をつける筋トレでもありながら、上半身と下半身を同時に動かすことで、心拍数が適度に上がる有酸素運動でもあります。寝てやるトレーニングは、筋トレ効果はありますが、高い心拍数をキープできないので脂肪燃焼効果は立ってやるほうが高くなります。つまり立ってやるトレーニングは消費カロリーが約2倍なので、2倍速でやせ体質になれるのです。

もう1つの特徴は、寝てやるトレーニングだと起こりやすい腰や首の痛みのエラーが少ないこと。狙った筋肉だけを鍛えられるので、理想のカラダに最短で近づくことができます。

約2倍の代謝アップ効果!!

朝？ 夜？ どのタイミング？

本書では曜日ごとに部位に分けて1日5つのトレーニングを紹介しています。1つのトレーニングは45秒+休憩15秒で1分、これを5種目×2セット、つまり毎日10分で完了。

この短時間で終われるようにしたのは毎日続けるためです。ですから、朝か夜といった時間帯にこだわらず、とにかく続けてほしいです。1日のスタートである朝にすれば、その日カラダが動かしやすくなるし代謝が上がり、昼は仕事や家事のすき間時間にするとリフレッシュにもなり、夜は血行がよくなり質の高い睡眠へと導いてくれる。どの時間帯にしてもそれぞれのメリットがあります。

筋肉痛になったらどうする？

普段使っていない筋肉を目覚めさせるので、はじめのうちは筋肉痛になるかもしれません。そんなときは筋肉痛でない部位を鍛えましょう。

1日たったの10分！
DVDを観ながら
一緒に頑張りましょう！

飛ばないからマンションでもOK！

立ち腹筋は飛ばないので、集合住宅で下の階の人からクレームが来るかも……なんて不安がありません。脚を横や後ろに引くといった動作はありますが、股関節から脚を動かすことを意識すれば、足をつく音はさほど気になりませんし、より腹筋にも効くので一石二鳥です。

DVDを観ながらユウトレを始めよう!

観ながらやるから失敗しらず!

ユウトレ
立ち腹筋
月
やせスイッチが入る!「立ち腹筋」
火
ハミ肉サヨナラ背中やせ!「立ち背筋」
水
前ももに効かせない!「立ち美脚」
木
デコルテ美人をつくる!「立ち胸筋」
金
尻には厳しく!「立ち美尻」
土
細いウエストをつくる!「立ち腹筋くびれ編」
日
脂肪が燃える!「跳ねない有酸素」
42
フロアタッチアブス
息を吐きながらひねる

再生前に本で動きをチェック

月曜日の立ち腹筋 7

火曜日の立ち背筋 19

水曜日の立ち美脚 31

木曜日の立ち胸筋 43

金曜日の立ち美尻 55

土曜日の立ち腹筋 くびれ編 67

日曜日の有酸素 跳ねない 79

1日10分
省スペースで
OK!

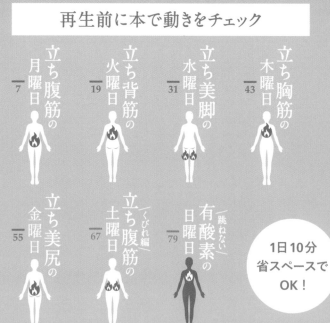

やせスイッチが入る!

立ち腹筋の月曜日

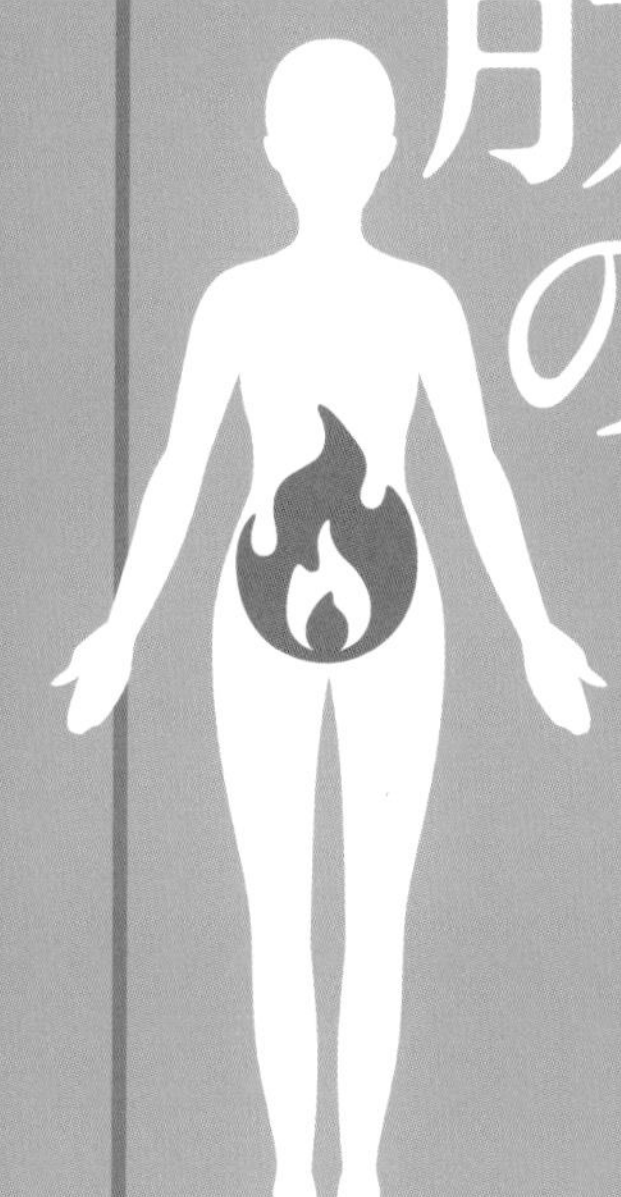

月曜日のターゲットは、腹筋の真ん中を縦に走る「腹直筋」です。ここに効かせるポイントは、カラダごと前に倒すのではなく、みぞおちを丸めること。腹直筋がきちんと縮み、お腹に負荷がかかります。体幹全体と脚を同時に動かし、週のはじめは全身の眠った筋肉に喝を入れましょう。

45秒 01 02 03 04 05 ✖ **2**セット

01 フロアタッチアブス ―― お腹に縦ラインをつくる

1

脚は肩幅より広く開く。手は軽く握って、こぶしは目線の位置に上げる。

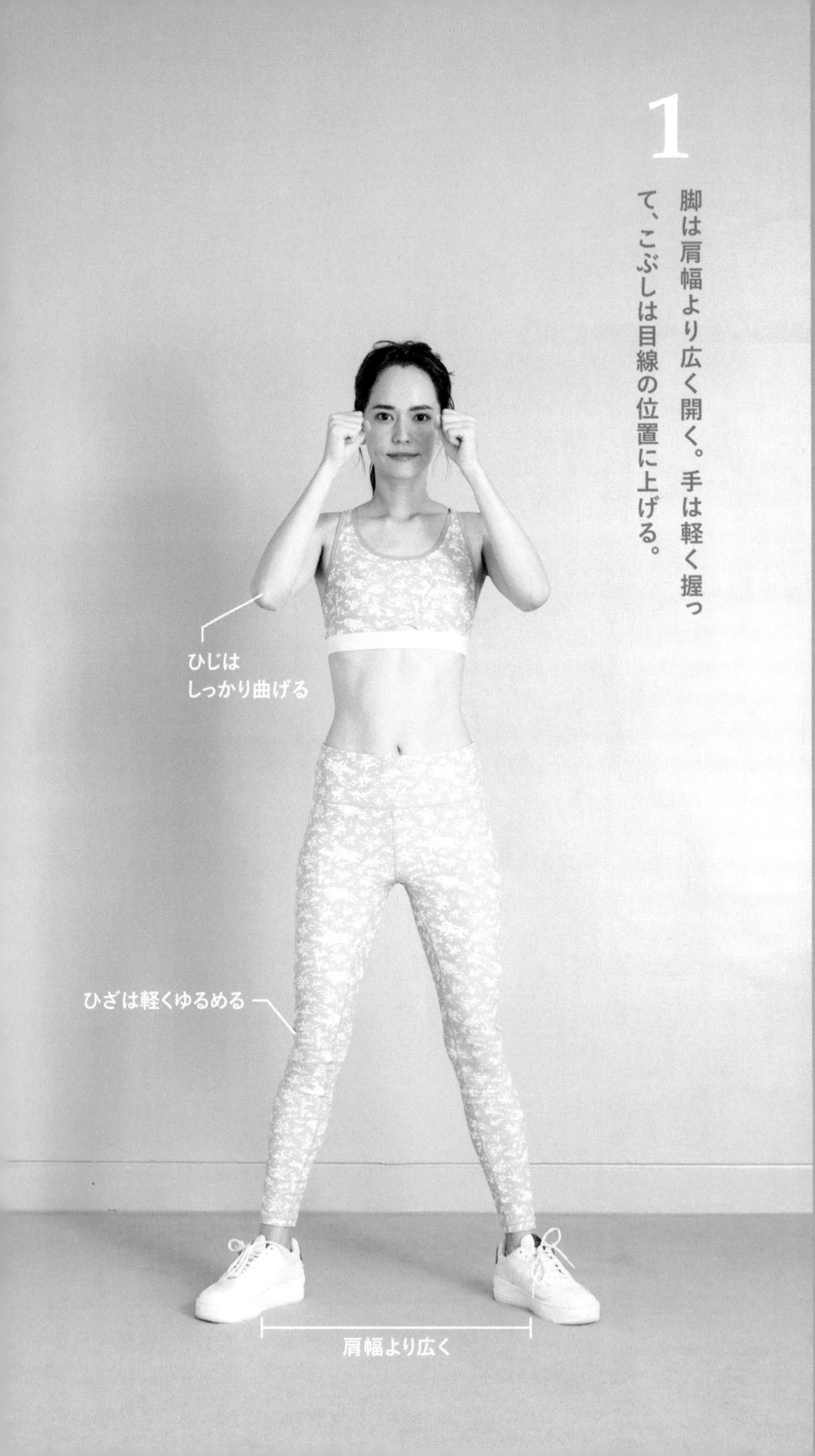

2

息を吐きながら、お尻を引いてカラダを右にねじって右手は上、左手は床につける。１に戻って反対も同様に。

NG

腕だけ動かしてもお腹に効かない。

Point

目線は上げたほうの手。胸をしっかり開いて腕はまっすぐ伸ばす。

02 スタンドコンストリクション――脇腹のたるみ解消

1

脚は肩幅に開いて立ち、手は耳に軽く触れるように。

立ち腹筋の月曜日

2

息を吐きながら右の脚を外に開いて右ひざと右ひじをくっつける。１に戻って反対も同様に。

NG

前のめりになりすぎたり、横にカラダが流れたりしないように。

くっつける
脇腹を縮める
カラダは正面のまま
重心は内くるぶし下に

Point

脇腹と股関節を縮める意識で。

03 レッグアップクランチ ── たるみ知らずのお腹に

1

脚は肩幅に開く。腕は肩の高さまで上げて左右のひじに手を重ねる。

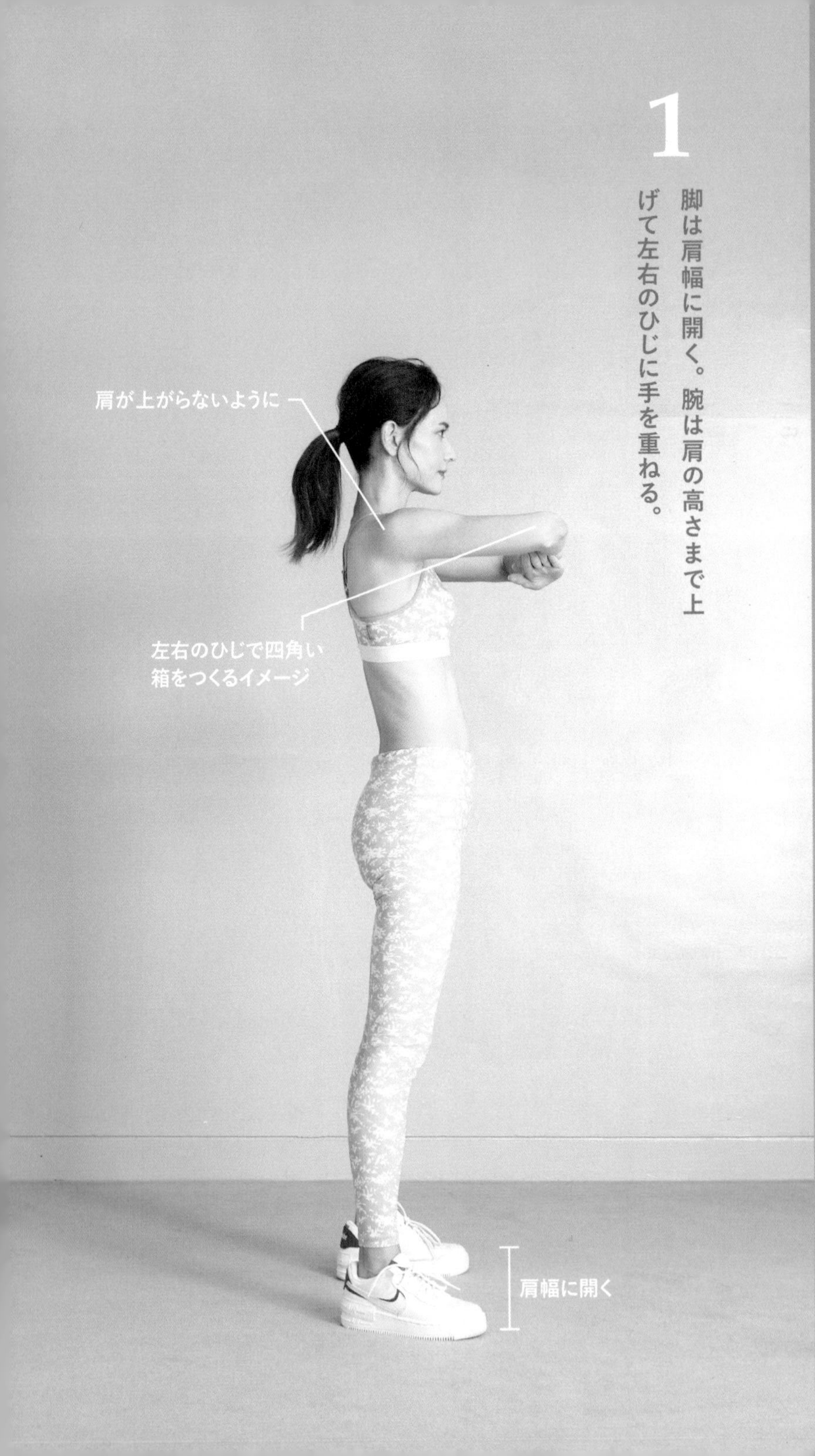
肩が上がらないように
左右のひじで四角い
箱をつくるイメージ
肩幅に開く

立ち腹筋の月曜日

2

息を吐きながら右ひざを引き上げて腕に近づける。1に戻って反対も同様に。

Point

引き上げた脚を下ろすときは背すじをまっすぐに。

04 スリークランチ ── お腹全体をスリムにする

1

脚は肩幅より広く開く。ひじは90度に曲げて肩の高さまで上げ、手は軽く握る。

2

息を吐きながらひじを右、真ん中、左と移動する。

NG

わきを開くと背中が丸まりづらくなり、お腹に力が入りにくい

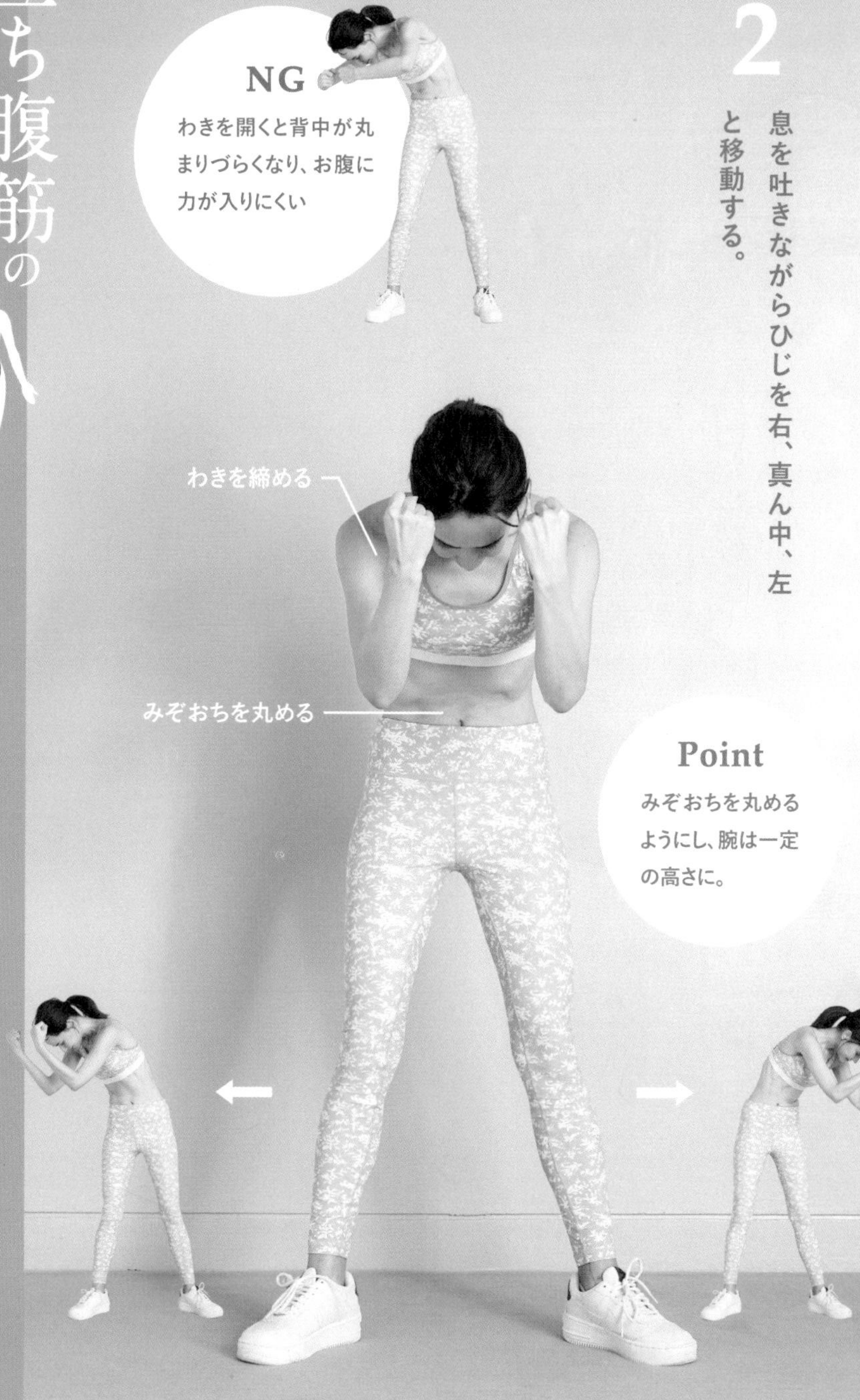

Point

みぞおちを丸めるようにし、腕は一定の高さに。

05 ラットプルキック —— 背中と下腹部を一度に鍛える一石二鳥トレーニング

1

脚は肩幅より広く開き、バンザイをして
お尻を真下に下ろしてしゃがむ。

真下に
しゃがむ
裏ももとお尻に
ピリピリ刺激が入るくらい
お尻は床と平行に
つま先は外に向ける
Start
手はY字
肩幅より少し広め

2

息を吐き、ひじを下に引きながら立ち上がり、右ひざを後ろに曲げる。1に戻って反対も同様に。

NG

カラダが前に倒れると腹筋に刺激が入らない。

Point

しっかりお腹の前側を伸ばすことで下腹に効く。

COLUMN

あなたの肩甲骨、凝り固まってる？

CHECK 凝り固まってない!?

1

四つ這いになる。肩の下に腕、股関節の下にひざが来るように。右ひじは曲げて手を頭の後ろに置く。

2

背中を丸めながら右ひじを下ろしたら胸を開いて天井に向けて上げる。反対も同様に。

左右のひじがくっつく

ひじを肩より高く上げる

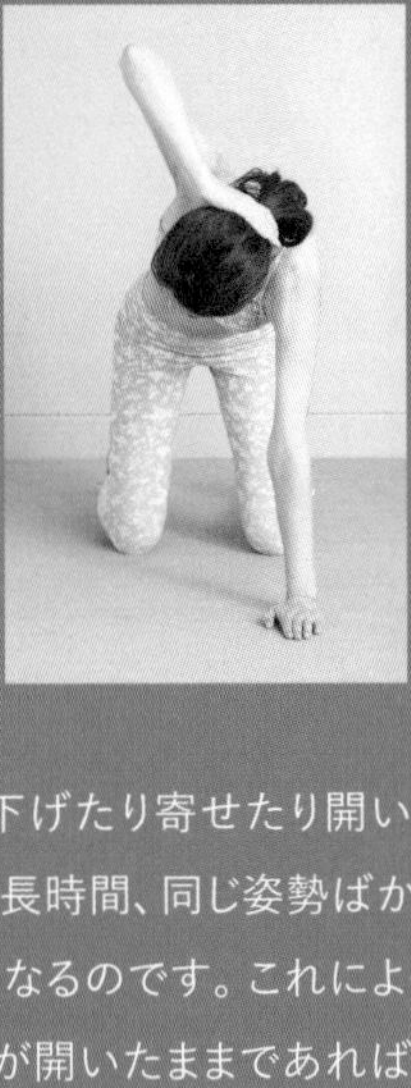

丸めるときに左右のひじがくっつかない場合、肩甲骨が硬くなっている。背中年齢はプラス10歳に……。

肩甲骨は上げたり下げたり寄せたり開いたりと、いろいろな方向に動かせます。ところが長時間、同じ姿勢ばかりしていたり、姿勢が悪いと肩甲骨の動きが鈍くなるのです。これによって背中や肩が凝ったりするだけでなく、肩甲骨が開いたままであれば巻き肩で猫背に、上がったままではいつも力んだ姿勢になります。つまり肩甲骨まわりが自由自在に動くことこそ美姿勢の要です。

そこで肩甲骨が自由に動くかをチェックします。肩甲骨を使って背中を丸めたり、肩甲骨を寄せることができれば合格。できない人は肩甲骨まわりの筋肉が固まっている証拠です。火曜日からのトレーニングで改善していきましょう。

火曜日

立ち背筋《はいきん》の

ハミ肉サヨナラ背中やせ！

火曜日のメインターゲットは「広背筋」。広背筋は背中の下部からわきの下を通り、腕につながる大きな筋肉。鍛えることで背中がすっきりして姿勢がキレイに見えます。肩甲骨や肩関節を下げる動きが正しくできると広背筋をしっかり使えようになります。

45秒 01 02 03 04 05 ✖ **2**セット

01 アームエクステンドロウ —— 肩甲骨がくっきり浮き上がる！

1

脚は肩幅に開く。ひじを曲げて肩の高さにし、手は軽く握って胸の前に置く。

立ち背筋の火曜日

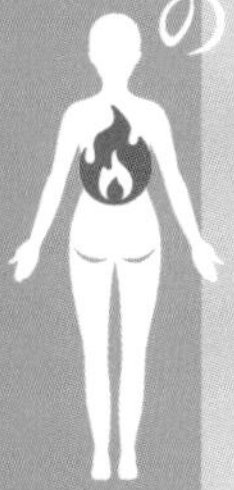

2

息を吐きながらひじを伸ばして腕を広げ、胸を開いたら1に戻る。

Point

伸ばした腕は肩よりも後ろに来るように。

NG

腕が下がったり、肩が上がったりしないように。

02 ベントオーバーフロントレイズ ―― 背中スッキリ、くびれが際立つ！

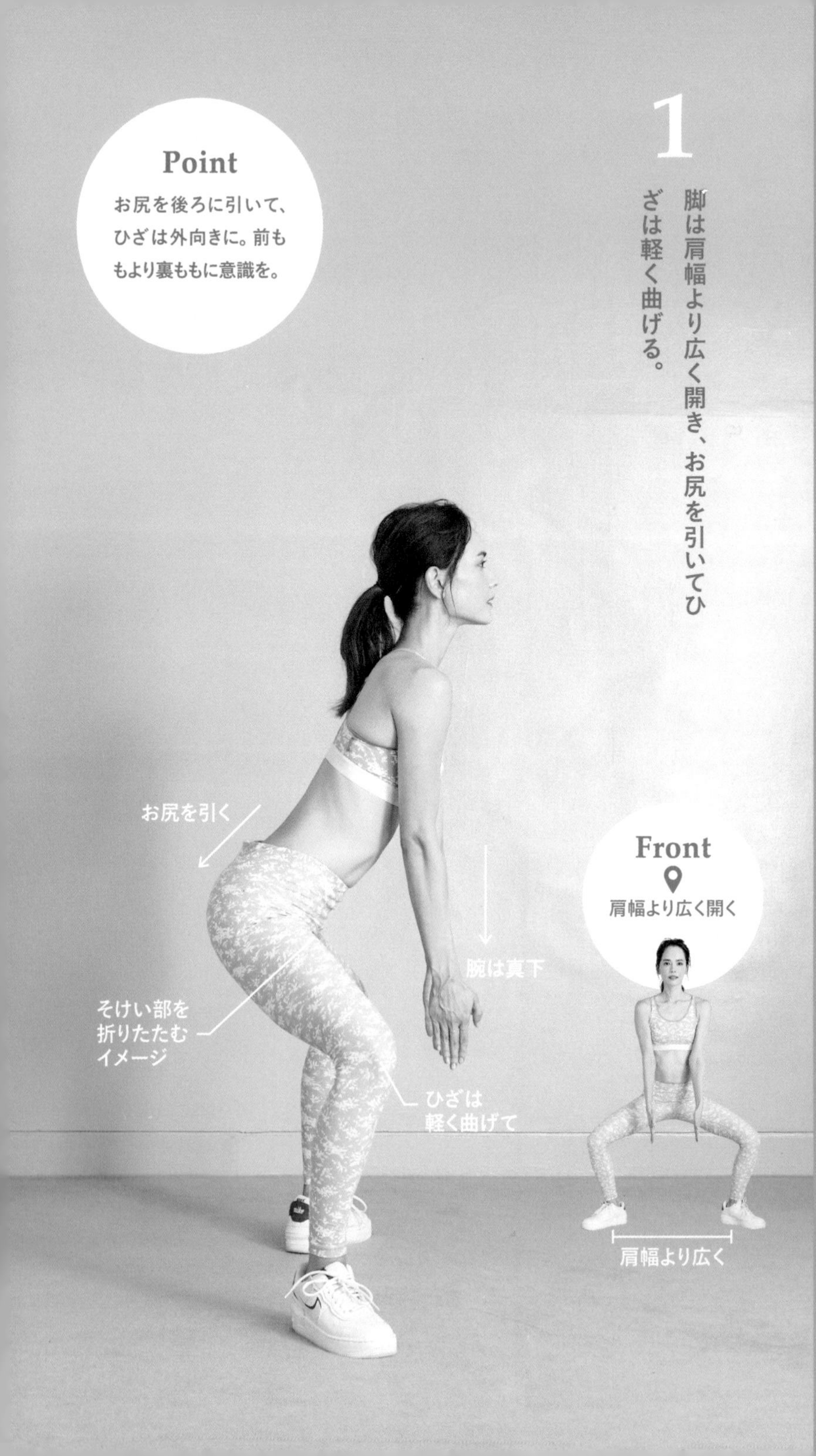
お尻を引く
腕は真下
そけい部を
折りたたむ
イメージ
ひざは
軽く曲げて
Front
肩幅より広く開く
肩幅より広く

1

脚は肩幅より広く開き、お尻を引いてひざは軽く曲げる。

Point

お尻を後ろに引いて、ひざは外向きに。前ももより裏ももに意識を。

立ち背筋の火曜日

2

手を耳の高さに上げてY字にし、胸を開く。お腹に力を入れて腰を反らさないように気をつける。

NG

頭を下げたり腰を丸めたりは×。

Front

手はY字

03

バックビハインド ―― 背骨のラインがきれいな背中美人に

1

脚は肩幅に開き、腕は肩の高さに広げる。手のひらは下に向ける。

立ち背筋の火曜日

2

息を吐き、手のひらを上に向けながらひじを曲げて肩甲骨を寄せたら1に戻る。

Point

腕に力が入らないように指先の力を抜く=背中に効く。

NG

腕が肩より前に来ないように。

Back

肩甲骨は下げて寄せる

04 バックパルス――ハミ肉撃退！セクシーな後ろ姿に

1

脚は肩幅に開き、手のひらを後ろに向けて腕は後ろに引く。

Point

腕はお尻からこぶし約2個分上に。上げすぎると首など広背筋以外に効いてしまう。

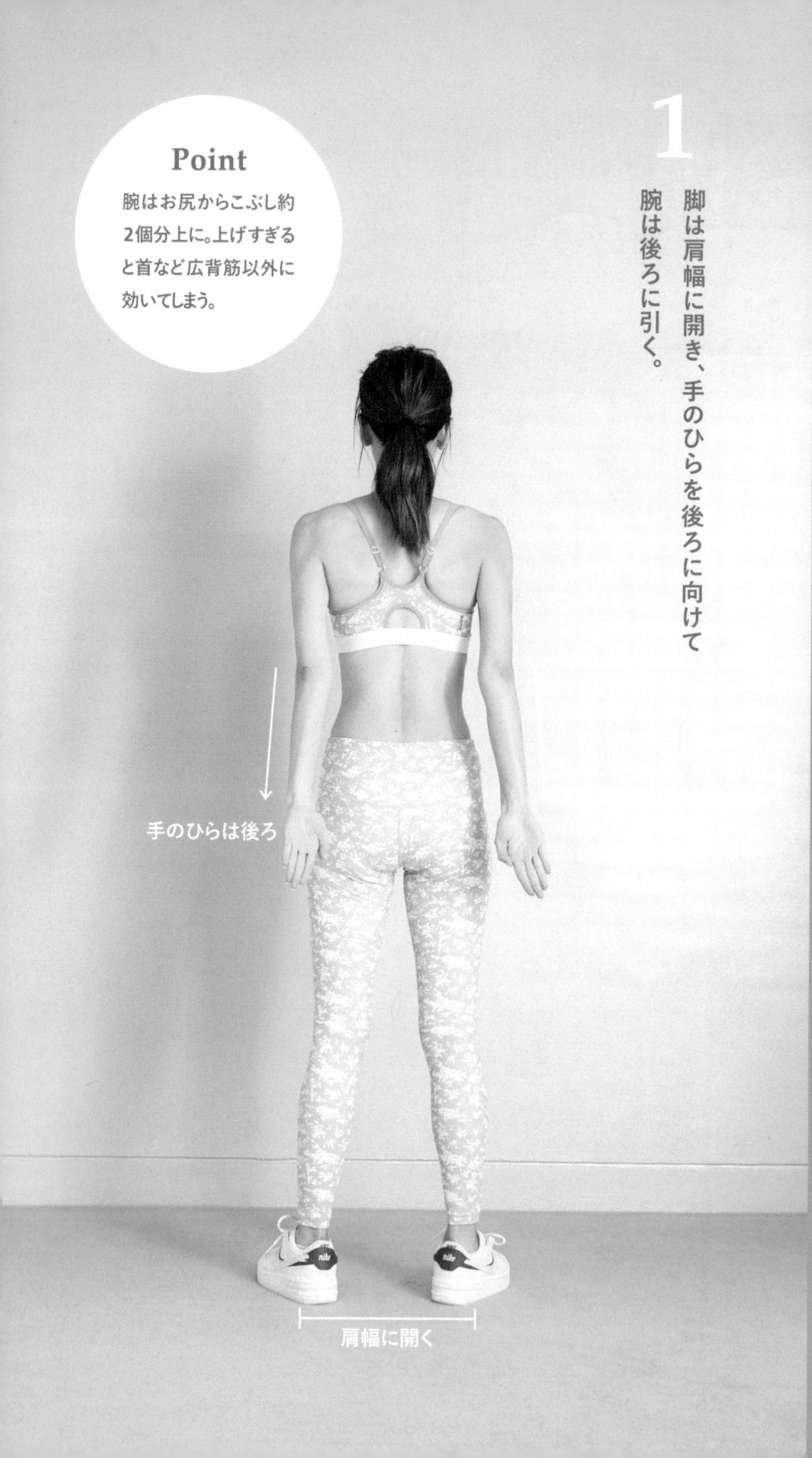

2

左右交互にひじを近づける意識で腕をクロスさせる。呼吸は自然に。

NG

手首のみのクロスでは
背中に刺激が入らない。

05

パーシャルプルダウン

——引き締まった背中は見た目年齢マイナス10歳

1

脚は肩幅に開く。腕を肩の高さに上げてひじを曲げ、手のひらを正面に向ける。

2

息を吐きながら、肩甲骨を寄せてひじを下に引く。

胸を張る
肩甲骨を寄せる
肋骨がパカンと開かないように注意

Point

ひじを腰に近づける意識で引く。

NG

肩をすくませないように、肩甲骨を寄せる。

COLUMN

ひざはどこ向き? 内くるぶしはくっつく?

“ニーイン脚”に要注意!

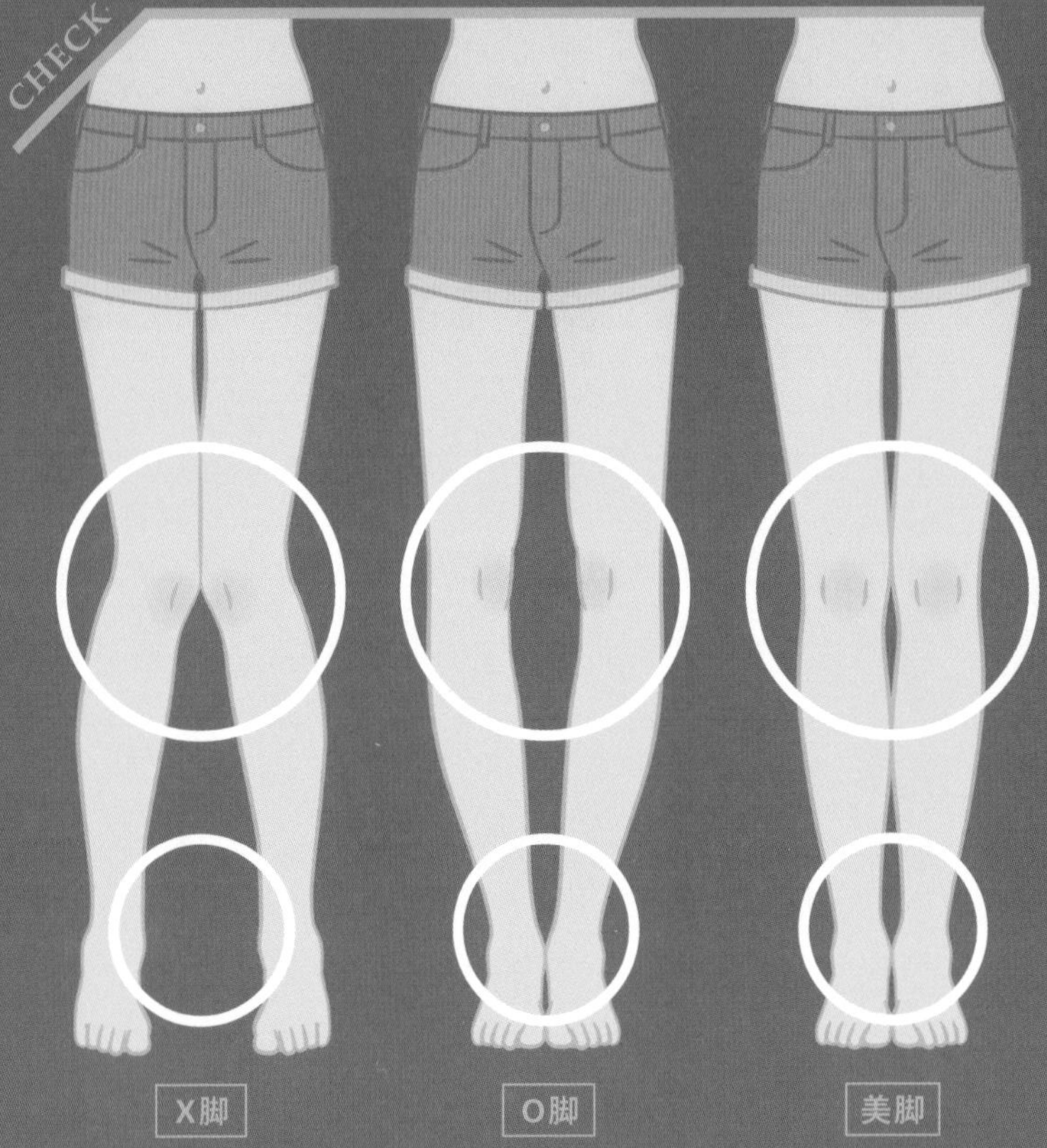

水曜日からの美脚づくりのトレーニングが始まります。僕が考えている美脚は、ただ細いだけではなく、O脚やX脚ではないすらっとした脚です。

つま先をまっすぐに向けて立ったとき、左右のくるぶしはくっついていますか? ひざ頭が内側に向いてしまっていたり、くるぶしがくっつかなかったりするのはO脚やX脚だからです。これは裏ももや内ももの筋肉が弱いことが大きな原因の1つ。ひざが正面を向き、くるぶしがくっつくように立てるようになることが美脚へと変わるいちばんわかりやすいサイン。ちなみに、ひざが内に入らないのは、トレーニングでも同様なので、意識してほしいポイントです。

前ももに効かせない!

立ち美脚の水曜日

水曜日のテーマは脚やせ。ターゲットとなる筋肉は内ももの「内転筋」と裏ももの「ハムストリングス」。股関節がうまく使えないと、前ももにばかり力が入り、この2つの筋肉は使えずたるみます。股関節から脚を動かし、内ももと裏ももに効かせる感覚をカラダに叩き込みます。

45秒 01 02 03 04 05 ✖2セット

01 レッグサークル――太ももが細ももに

1

脚は肩幅に開き、手は腰に当てる。

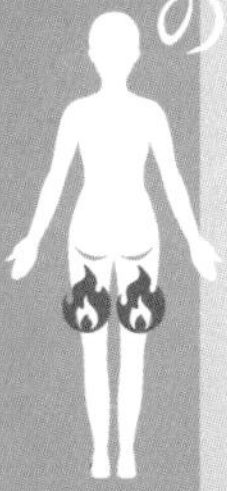

2

右脚を横に開いて、脚を内回し、外回しする。反対も同様に。呼吸は自然に。

NG

カラダが倒れないように。足先だけを回さない。

股関節から回す
重心は内くるぶし下

Point

足首の力を抜く。

02 グッドモーニングステップ —— 裏ももの手ごわいセルライトを排除

1

脚は肩幅に開く。お尻を引き、手は頭の後ろに置く。

斜め下に
お尻を引く
そけい部を
折りたたむイメージ
裏ももを伸ばす
肩幅に開く

2

右脚を横に出したら1に戻り、後ろに引く。反対も同様に。

NG

前かがみになったり、軸足を伸ばしたりしない。

Point

息を吐きながら脚を動かし、裏ももに効かせる。

背中はまっすぐ
お尻は引いたまま
ひざは緩めたまま
つま先をタッチ

後ろに引いたら
1に戻る。
横には出さない。

03 レッグプッシュ —— お尻と裏もものボーダーラインができる

1

脚は腰幅に開いて、右ひざを90度に曲げて上げる。腕は前へ伸ばす。

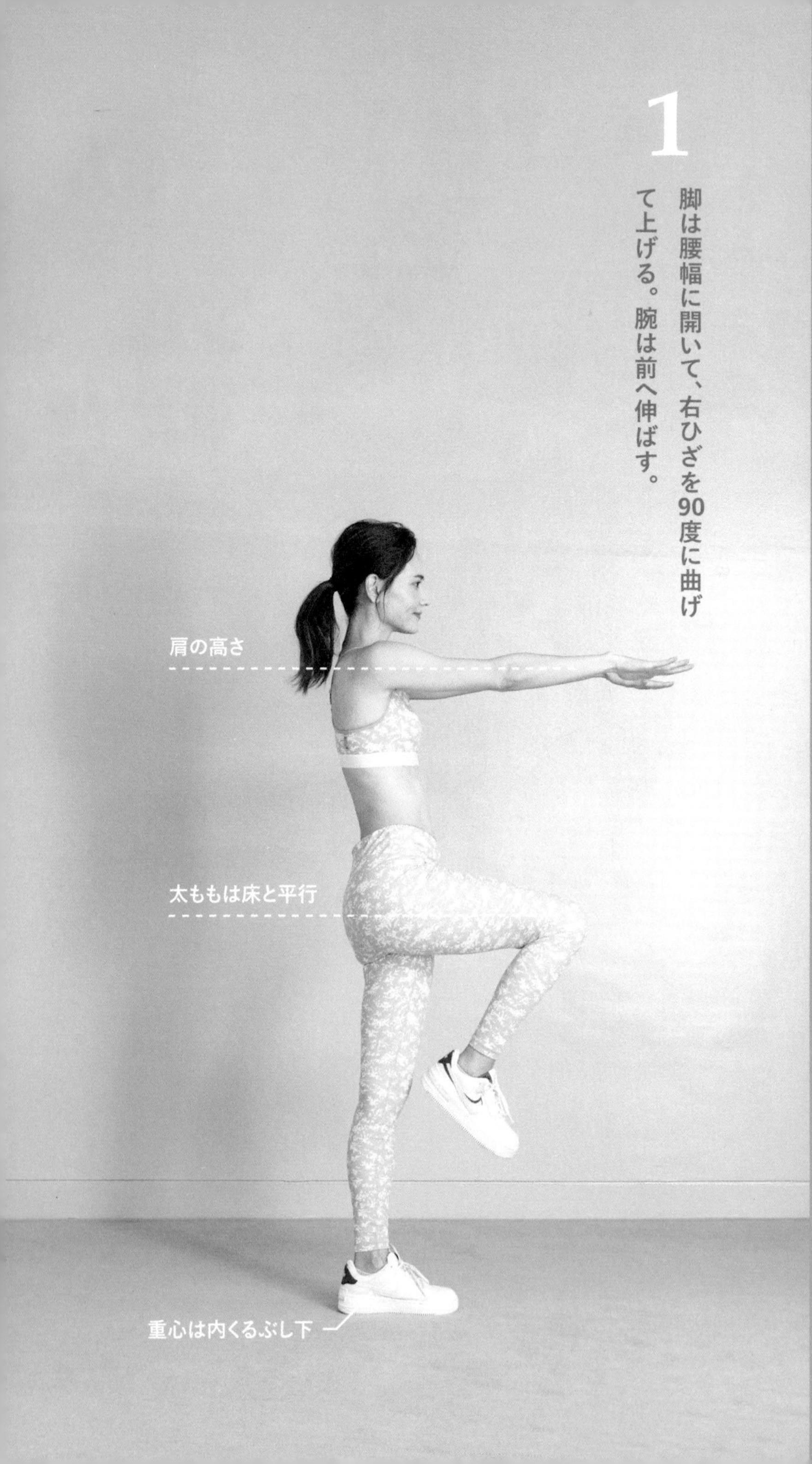
肩の高さ
太ももは床と平行
重心は内くるぶし下

立ち美脚の水曜日

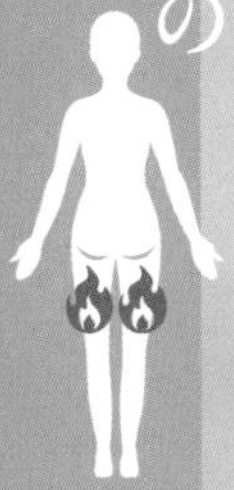

2

息を吐きながら右脚を床と平行になるまで後ろに伸ばす。

NG

軸足のひざをピンと伸ばすと前ももが張る。

Point

軸足のお尻と裏ももが伸びるように脚を上げる。

04 ヒールタッチランジ —— 内ももが引き締まりスキニーパンツが似合う美脚に

1

脚は肩幅より広く開き、ひざとつま先は45度外に開く。手は腰に当てる。

2

息を吐き、お尻を後ろに引きながら、右ひざは曲げ、左ひざは伸ばす。左手で右のかかとをタッチする。1に戻って反対も同様に。

NG

脚幅が狭いと内ももに効かない。

Point

上半身を曲げるときは股関節から折るように。

05 ディープサイドランジ

――まっすぐですらりとした太ももが手に入る！

1

脚は肩幅より広く開き、ひざとつま先は45度外に開く。手は胸の前で組む。

Point

かかとに体重をかけると深くしゃがめる。

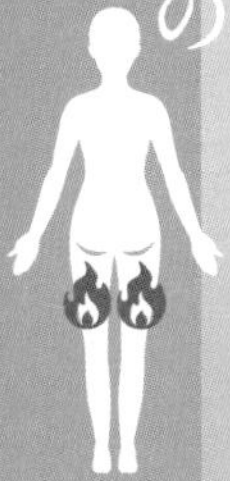

2

息を吐きながら、右ひざは曲げ、左ひざは伸ばして3秒かけてしゃがむ。1に戻って反対も同様に。

NG

つま先に体重が乗ると前ももがパンパンに!

Side

お尻を引きながら

COLUMN

腕を上げて肩の柔軟性をチェック

CHECK

胸のストレッチできる?

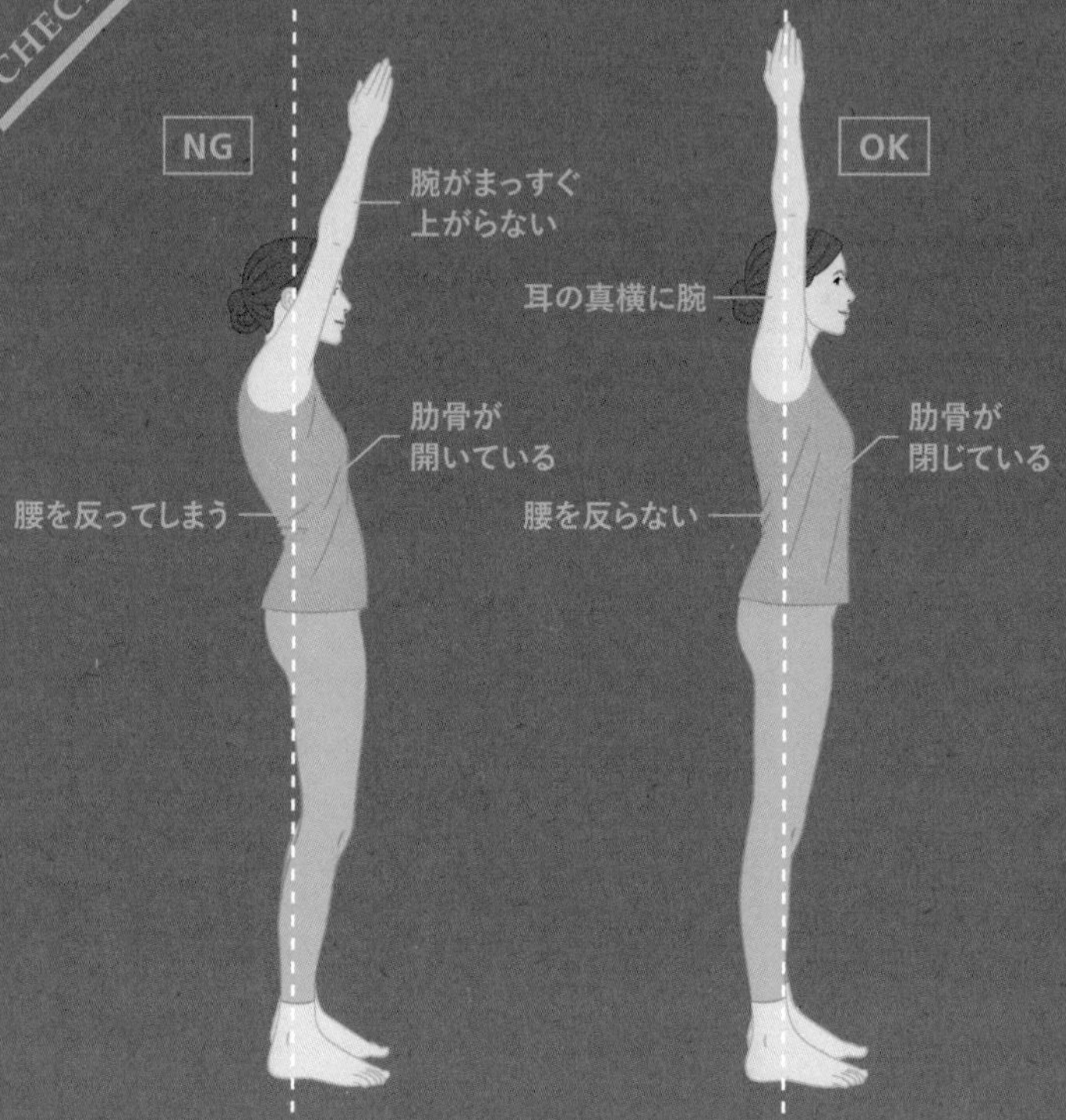
NG
腕がまっすぐ
上がらない
肋骨が
開いている
腰を反ってしまう
OK
耳の真横に腕
肋骨が
閉じている
腰を反らない

木曜日の「立ち胸筋」に入る前に肩の柔軟性をチェックします。肩まわりの筋肉が硬いと、その周辺の胸や背中の動きが悪くなります。動きが悪いと、ほかの筋肉を使って動くため、狙った筋肉以外の部位がムキムキになってしまうことも。そうならないために、肩の柔軟性をチェックして、硬ければ動きをよくすることが必要。

軽く脚を開いて立ち、腕を真横に広げながら腕を頭上まで上げます。腰を反らずに耳の真横に腕がある状態なら、肩の可動域は正常といえます。しかし腕が上がらない、腰を反ってしまう、肋骨が開いてしまうということであれば肩まわりの筋肉が硬くて可動域は狭い。背中にお肉がつきやすかったり、姿勢が悪かったりします。木曜日のトレーニングが終わったらもう一度チェックしてみて。きっと肩の可動域は広くなっているはずです。

デコルテ美人をつくる！
立ち胸筋の木曜日

木曜日はデコルテを美しく見せるためのトレーニングです。ターゲットは胸に平たく広がっている「大胸筋」。とくに腕から鎖骨にかけて鍛えます。ここにハリ感があると、デコルテが貧相にならずにキレイに見えるだけでなくバストアップ効果も！

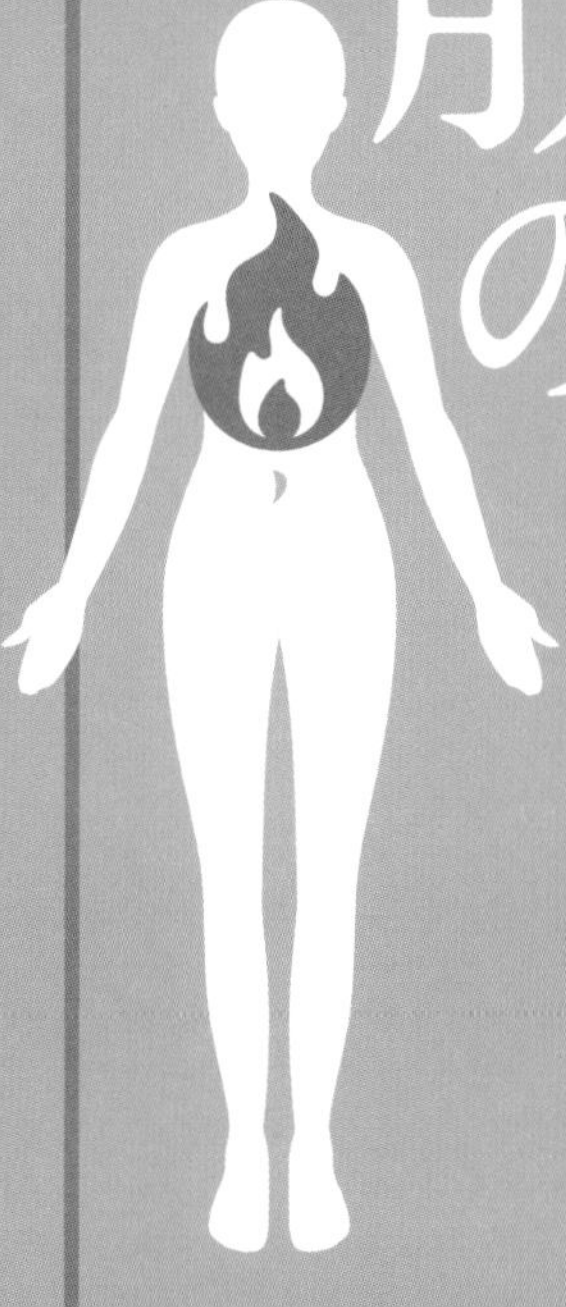

45秒 01 02 03 04 05 ✖ 2セット

01

エルボータッチ ―― 埋もれた鎖骨がくっきり

1

脚は肩幅に開き、手は耳の後ろに置く。

Point

胸を張って行うとデコルテにしっかり効く。

2

息を吐きながら左右のひじを顔の前でくっつけたら1に戻る。

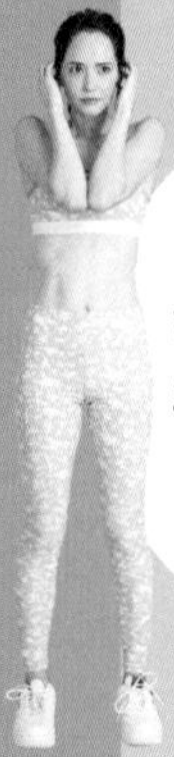

NG

ひじが肩より下がってしまうと、効き目ダウン!

立ち胸筋の木曜日

02 クロスダブルロック —— 脇横のハミ肉を撃退してデコルテ美人に

1

脚は肩幅に開き、手は軽く握って肩の高さに上げる。

2

息を吐きながら腕を左右交互にクロスさせる。

NG

手首だけのクロスではダメ。

肩が上がらないように

ひじまでクロス

Point

ひじは曲げず、腕をしっかり突き出す。

03 フロントアップダウン ── デコルテが開いて上品な胸元に

1

脚は肩幅に開く。腕は前に伸ばし、両手の小指同士をつけて手のひらを上に向ける。

Point

両ひじをグッと寄せると、デコルテまわりもスッキリする。

腕が前に
引っ張られるように
手のひらは上
肩幅に開く

2

息を吐きながら腕を上げたら1に戻る。

NG

ひじを曲げたり、腕を耳より後ろまで上げない。

立ち胸筋の木曜日

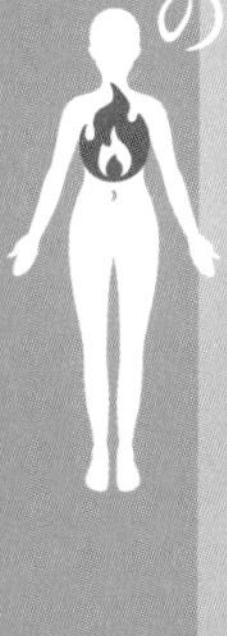

04

ハンドトゥギャザー ―― バストがつんと上向きに

1

脚は肩幅に開き、手は顔の前で重ねて組んだら息を吸ってひじを顔の前まで上げる。

Point

ひじとひじをつける意識で行うと、バストも上向きに。

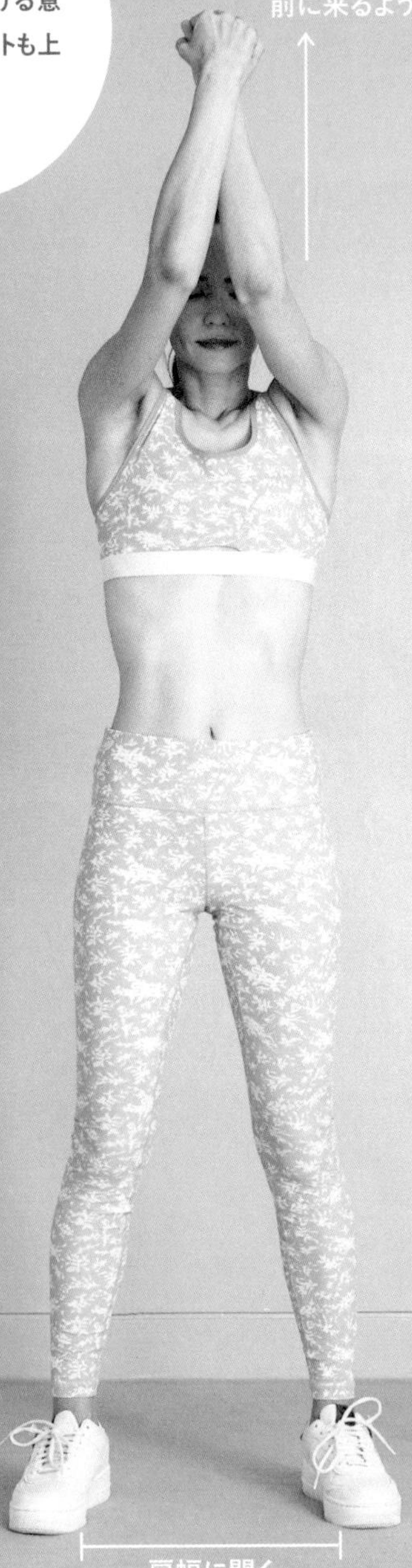

Start

ひじをくっつける

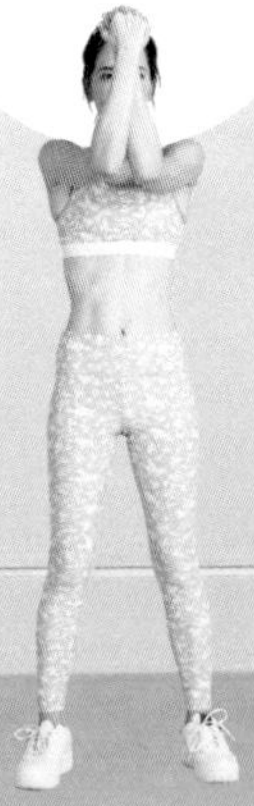

2

息を吐きながらひじを下に引く。常に胸を張った姿勢をキープ。

NG

目線を下げると背中が丸まってしまう。

05 プレイヤーワイパー —— 重力に負けない美しいバストラインをゲット

1

脚は肩幅に開き、左右のひじと手のひらを顔の前でくっつける。

立ち胸筋の
木曜日

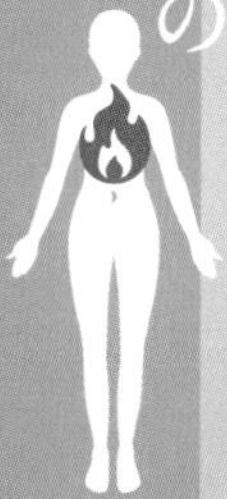

2

腕を右に倒したら真ん中に戻し、左にも倒す。呼吸は自然に。

NG

手首だけ動かしたり、カラダを倒したりしない。

Point

胸を張ったまま、肩が上がらないように注意する。

COLUMN

本当の地獄を味わうためのストレッチ

CHECK

目覚めよ！ お尻のインナー筋

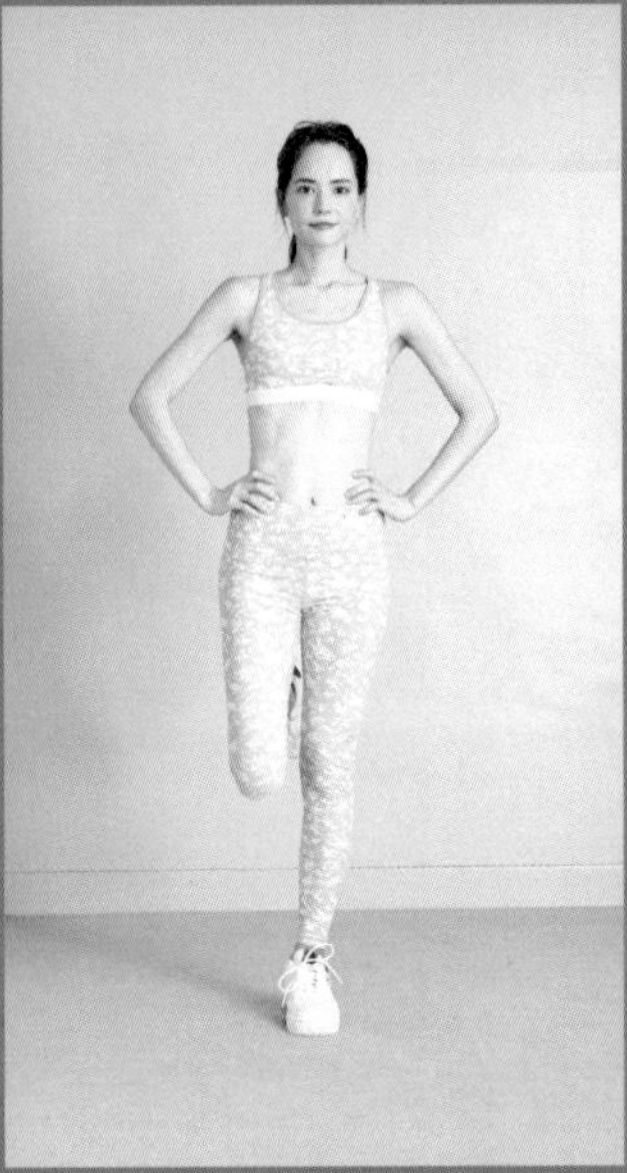

1

脚は肩幅に開き、右ひざを後ろに曲げる。

2

カラダが横に倒れないようにひざを真横に広げる。反対側も同様に。左右10回×2セット。

いよいよ始まる地獄のお尻トレーニングに備えてカラダの準備をしておきたいものです。お尻のトレーニングの効果が出るか出ないかのカギは、実は股関節を自由自在に動かせるかどうかにあります。

そもそもお尻が垂れたり脂肪がつきやすくなるのは、日常生活であまりお尻の筋肉を使えていないから。なぜ使えていないかというと、股関節が内にねじれているからなのです。ならば股関節を外にねじれるようにすればいいだけ。お尻のインナーマッスルである「外旋六筋」を目覚めさせて股関節を外にねじる外旋という動きをスムーズにしておくことで、お尻のトレーニングが効果的になります。

尻には厳しく！
立ち美尻の金曜日

1週間のトレーニングの中でも最もキツイ地獄の金曜日。お尻の表層にある筋肉「大臀筋」と横にある「中臀筋」を鍛えます。よく聞く悩みが、お尻ではなく前ももに効いてしまうこと。ポイントを押さえて、メリハリのある上向き美尻に。

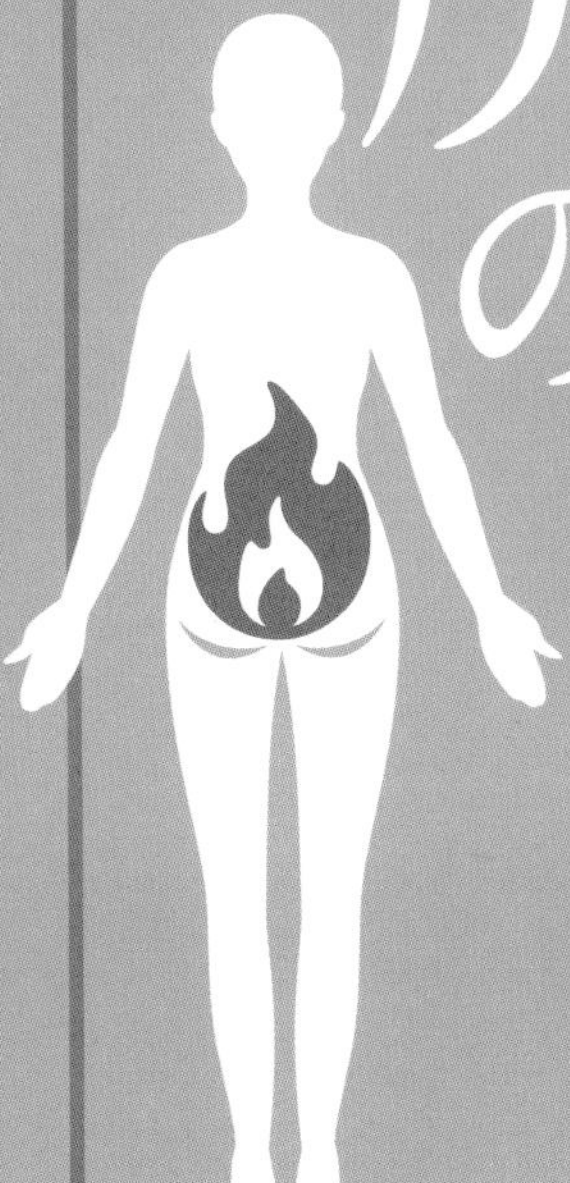

45秒 01 02 03 04 05 ×2セット

01 サイドニーアップ —— はみ出した横尻がすっきり小尻に

1

脚は軽く開いてお尻を後ろに引く。手を組んで胸の前に。

お手数ですが
切手を
お貼りください

郵便はがき

150-8482

東京都渋谷区恵比寿4-4-9
えびす大黒ビル
ワニブックス 書籍編集部

お買い求めいただいた本のタイトル

本書をお買い上げいただきまして、誠にありがとうございます。
本アンケートにお答えいただけたら幸いです。
ご返信いただいた方の中から、
抽選で毎月5名様に図書カード(500円分)をプレゼントします

ご住所 〒

TEL(　　-　　-　　)

(ふりがな)
お名前

ご職業

年齢　　歳

性別　男・女

いただいたご感想を、新聞広告などに匿名で
使用してもよろしいですか？　(はい・いいえ)

※ご記入いただいた「個人情報」は、許可なく他の目的で使用することはありませ
※いただいたご感想は、一部内容を改変させていただく可能性があります。

●この本をどこでお知りになりましたか?(複数回答可)

1.書店で実物を見て　2.知人にすすめられて
3.テレビで観た(番組名:　)
4.ラジオで聴いた(番組名:　)
5.新聞・雑誌の書評や記事(紙・誌名:　)
6.インターネットで(具体的に:　)
7.新聞広告(　新聞)　8.その他(　)

●購入された動機は何ですか?(複数回答可)

1.タイトルにひかれた　2.テーマに興味をもった
3.装丁・デザインにひかれた　4.広告や書評にひかれた
5.その他(　)

●この本で特に良かったページはありますか?

●最近気になる人や話題はありますか?

●この本についてのご意見・ご感想をお書きください。

以上となります。ご協力ありがとうございました。

立ち美尻の金曜日

2

息を吐きながら右脚を横に大きく開く。
1に戻って反対も同様に。

NG
カラダを倒しすぎないように。

Point
軸脚にしっかり体重を乗せてカラダが正面を向くように。

足首の力を抜く
真横に上げる
重心は内くるぶし下

02 スクワットアブダクション――お尻のトップを鍛えて丸みのあるお尻に

1

脚は肩幅より広く開いて息を吸いながらお尻を後ろに引いて真下に下ろす。手は組んで胸の前に置く。

2

息を吐きながら立ち上がり、右脚を横に大きく開く。1に戻って反対も同様に。

NG

軸足のひざを伸ばしきらず、カラダは倒れないように。

Point

脚を上げるときも、反対の足のかかとは床につけるとよりお尻に効く。

03

リバースランジバウンド ―― 桃尻を手に入れてセクシーなヒップに

1

脚は肩幅に開いて手を組んで胸の前に。

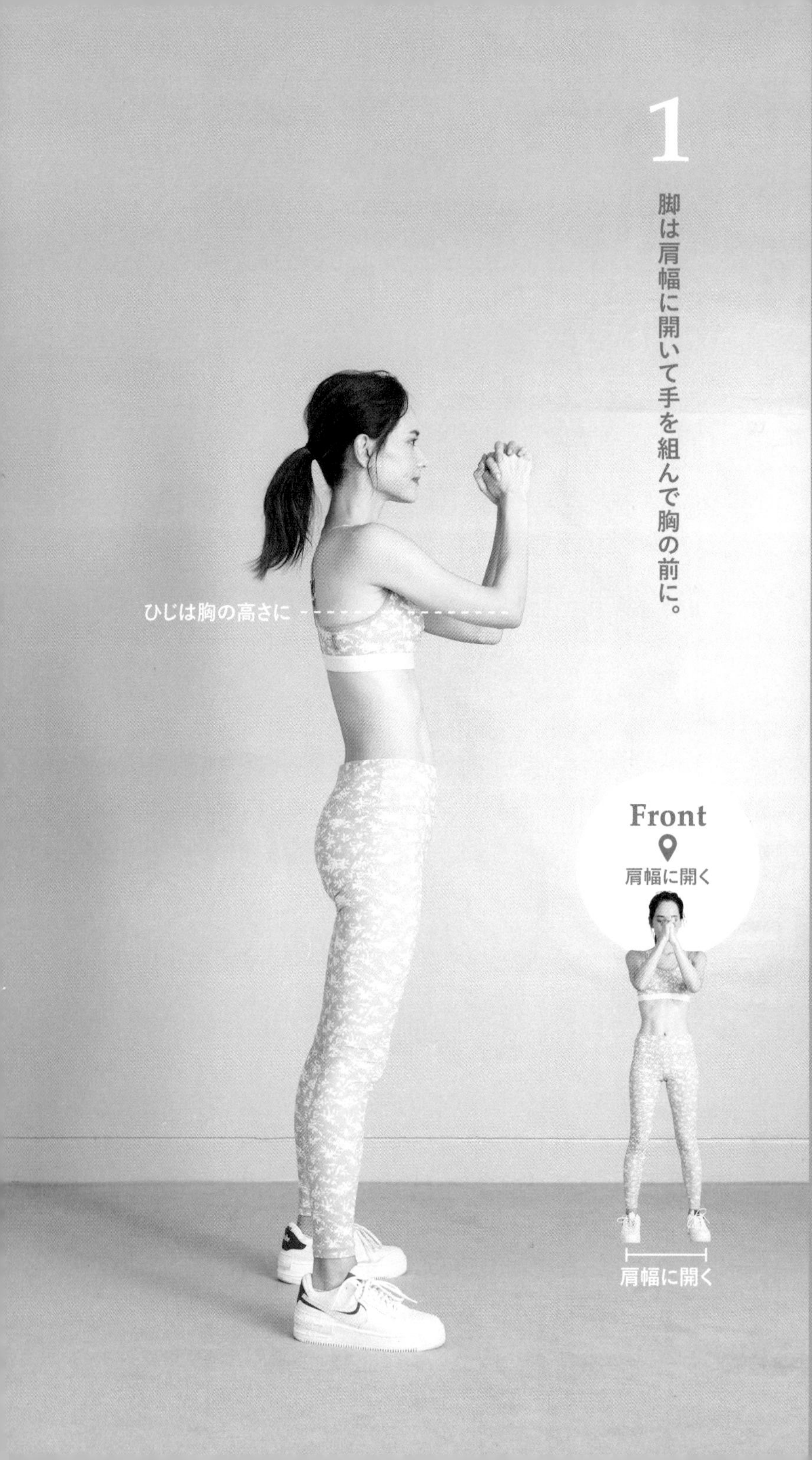
ひじは胸の高さに
Front
肩幅に開く
肩幅に開く

2

右脚は斜め後ろに引く。息を吐きながら2回バウンド。1に戻って反対も同様に。

NG

後ろ足を引きすぎるとお尻に効きにくい。

床スレスレに
2回バウンドする
腰を丸めない

Point

前脚に体重をかけて、後ろ足のかかとは上げる。

04 スクワットヒップターン ―― お尻と太ももの境目がくっきり

1

脚は肩幅より広く開いて、ひざとつま先は外に向け、お尻を後ろに引いて真下に下ろす。手は胸の前で組む。

太ももは
床と平行
かかとは床につける
肩幅より広く
つま先は30度外に

2

息を吸って右脚を後ろに引き、息を吐きながら1に戻る。反対も同様に。

NG

かかとが浮くと、前ももとふくらはぎに効いてしまう。

Point

お尻の高さは変えず、脚を後ろに引く。

05

ワイドスクワットキープ——ぷりっとしたヒップで脚長効果

1

脚は肩幅より広く開き、ひざとつま先は45度外に向ける。腕は肩の高さまで上げて前へ伸ばす。

Point

かかとに体重を乗せると、内ももや裏ももに効く。

2

太ももが床と平行になるまでお尻を下ろしてキープ。呼吸は自然に。

NG

ひざが内側に入るとひざと前ももに負担がかかる。

Side

上半身はやや前

腕は下げない
ひざは外向き
90度

COLUMN

〝くびれ〟はどうしてできる？

STUDY サイドの筋繊維が大事！

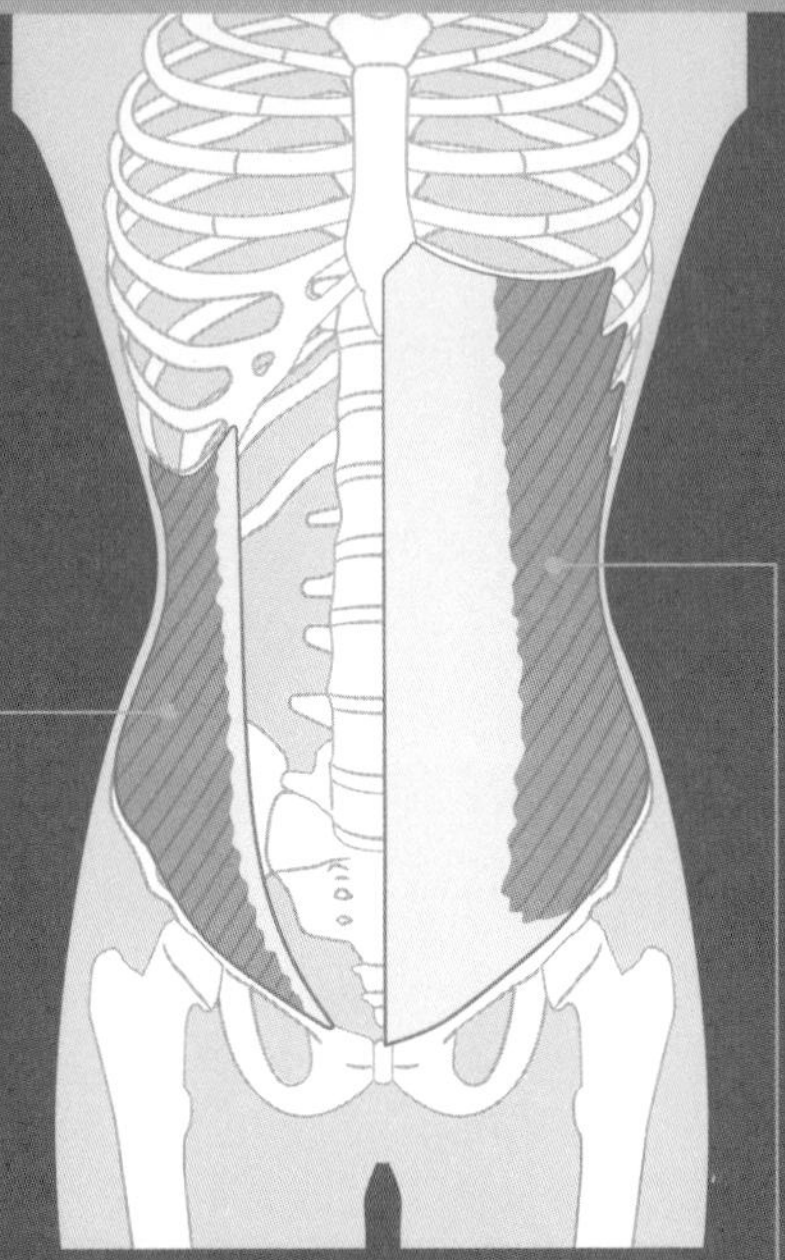

外腹斜筋の深層にあるのが内腹斜筋。外腹斜筋とは斜めに走る筋線維の方向が違うため、カラダを右にひねると右の内腹斜筋と左の外腹斜筋にアプローチできる。

腹斜筋の表層にある外腹斜筋。肋骨の下からお腹の中央にかけて斜めにあり、肋骨を閉め下腹を引き上げてくびれをつくってくれる。

「くびれ」は女性の永遠のあこがれ。お腹まわりの脂肪が落ちて、お腹が引き締まっても、くびれないことがあります。それは腹筋を鍛えるといっても、お腹の真ん中に縦に走る腹直筋だけ鍛えているからです。

くびれをつくるのに重要なのが、お腹の横腹にある「腹斜筋」を鍛えること。外腹斜筋と内腹斜筋の2種類の筋肉の繊維がウエストを細くする効果があるため、引き締まったくびれができるのです。

また、肋骨の下部から骨盤に向けてついている筋肉なので、姿勢の悪さが原因で開いている肋骨を閉めてくれることでもくびれができやすくなります。

細いウエストをつくる！

立ち腹筋の土曜日

―くびれ編―

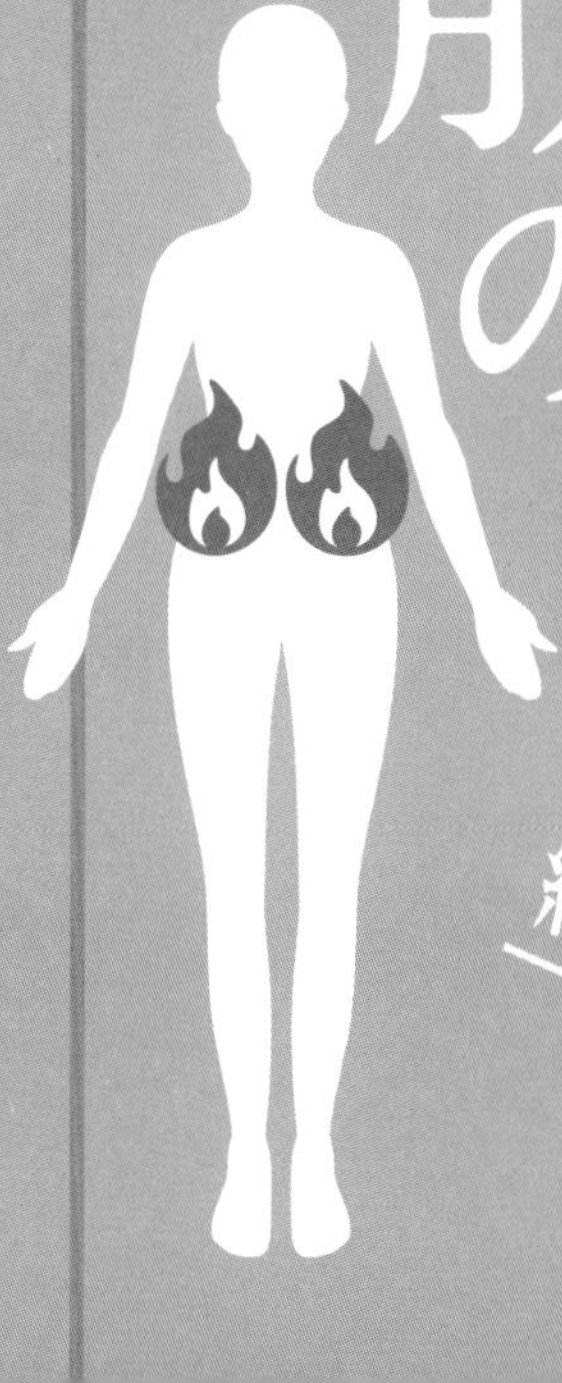

土曜日はくびれ専用立ち腹筋。ターゲットは脇腹にある腹斜筋です。日常生活の中ではカラダをねじったり、脇腹を伸ばしたり縮めたりすることが少ないので、くびれがなくなりがち。ポイントは右ひじと左ひざ、左ひじと右ひざを近づけること。くびれを際立たせましょう。

45秒 01 02 03 04 05 × 2セット

01

オーバーハンドベント――縮んでゆるんだ脇腹が引き締まる

1

脚は肩幅に開き、手を広げてY字にする。

2

息を吐きながらカラダを右に倒したら1に戻る。反対も同様に。

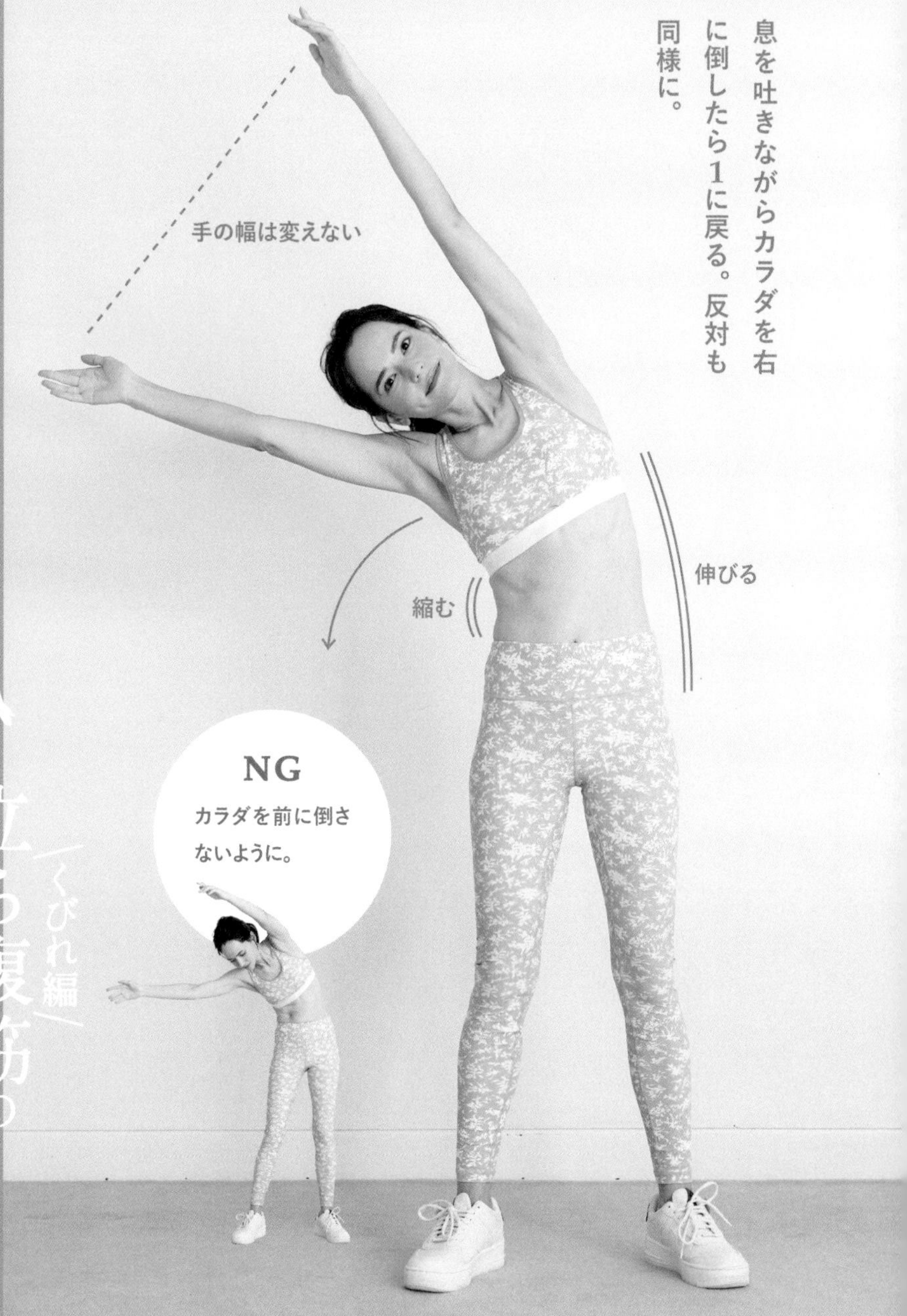

NG

カラダを前に倒さないように。

02
クロスワイド ―― 脇腹の手ごわい脂肪を撃退

1

脚は肩幅に開き、ひざは外向きに。お尻を後ろに引く。腕は胸の前でクロスさせる。

2

息を吐きながら右腕は右斜め上にして一直線に。目線は斜め上。1に戻って反対も同様に。

引っ張り合うように
目線は
上の手に向ける
伸びる
縮む

Point

腕が一直線になったときに胸を張る。

NG

腕だけ動かすのは×。

03 アラウンドザワールド ―― 伸ばして縮めてウエストラインがほっそり

1

脚は肩幅に開き、腕は上げて手を軽く握る。

2

息を吐きながらカラダと腕を右に倒し、1に戻る。反対も同様に。

腕を左右に動かす
縮む
脇腹を伸ばす

NG

ひじだけを下げると脇腹に効かない。

Point

ひじを脇腹にくっつけるイメージで。

04 ウードチョップ —— カラダをねじってくびれをつくる

1

脚は肩幅より広く開き、お尻を引いてひざを曲げる。手指をクロスさせ、右下に下ろす。

2

息を吐きながら左上に2回振り上げる。
反対も同様に。

NG

ねじるとき、かかとがついていると脇腹が収縮しない。

Point

ひねりながらかかとを上げると、くびれづくりに効果的。

05 プレイヤーツイスト ―― あこがれのカービーラインが目の前に！

1

脚はこぶし1つ分開いてお尻を軽く引き、手は胸の前で合わせる。

Point

手のひらを胸の前で押し合いながら、腕を左右に動かす。

Side

お尻を引く

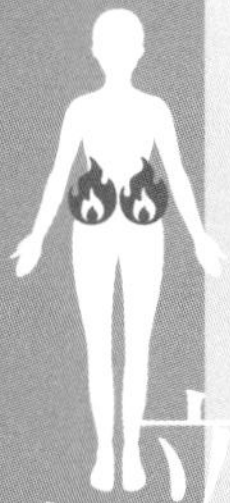

2

息を吐きながらカラダを右にねじり、
左ひじを右ひざにつけたら1に戻る。
反対も同様に。

NG

しゃがみが浅いと背中が丸まる。

COLUMN

心拍数アップがやせ体質のカギ

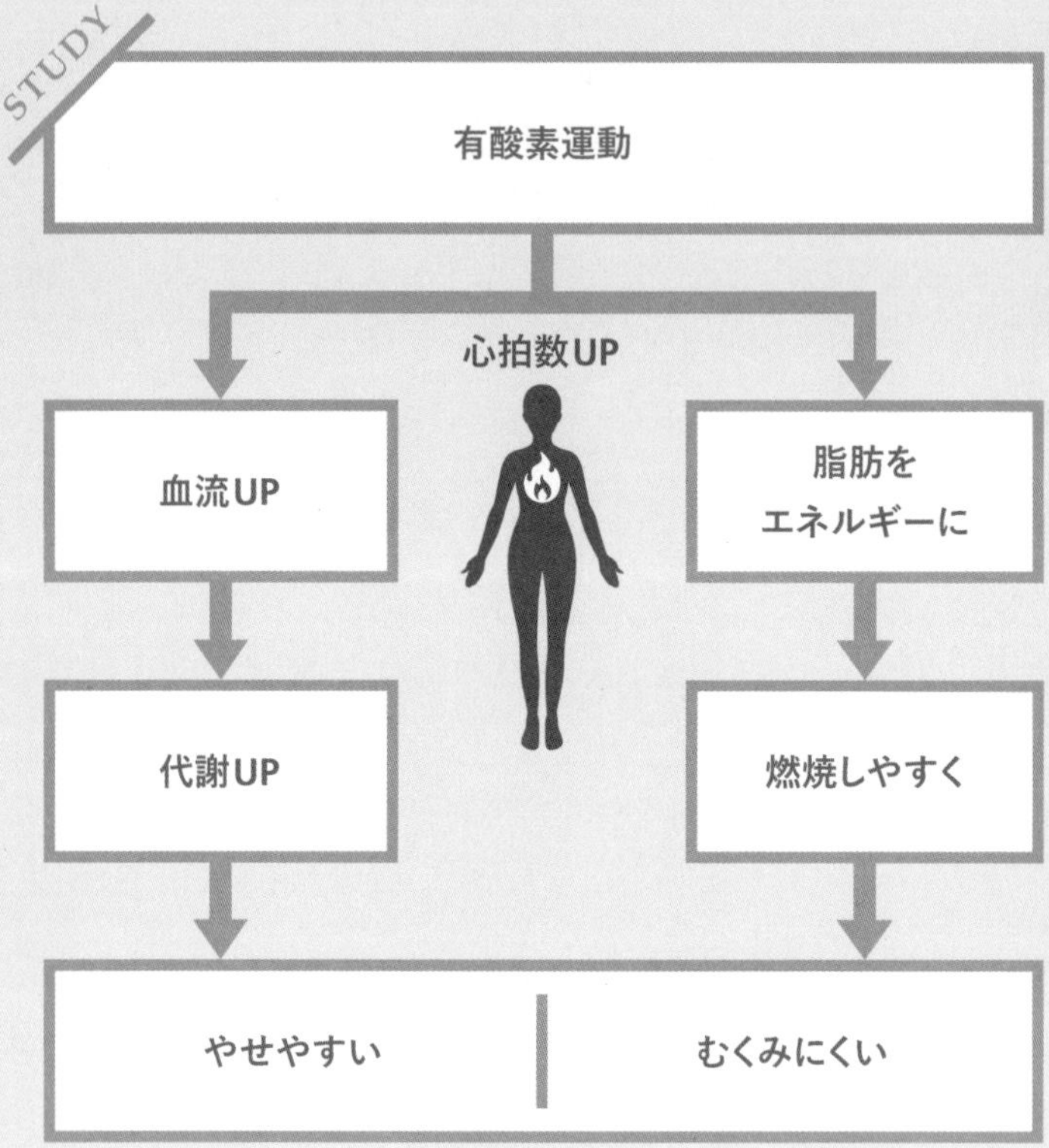

月～土曜日までは部位別にトレーニングをしてきたけれど、最後は全身を使って心拍数を上げることを目的としたトレーニングを行います。

心拍数を上げるといっても、ゼーゼーハーハーするほどではなく、おしゃべりできる程度。安静時の心拍数が60だとすると、120くらいを目指します。酸素を消費しながらも、十分に呼吸を確保できる有酸素運動は脂肪をエネルギー源とするので、脂肪が燃焼してやせ体質に。さらに心拍数が上がると、心臓の拍動が早くなります。つまり血液の流れが速くなるため、血液とともに流れるリンパ液の流れもよくなり、代謝が上がりやせ体質に。むくみづらいカラダになります。さらに運動不足の解消やスタミナアップの効果もあり、疲れにくいカラダをつくれます。

脂肪が燃える！跳ねない有酸素の日曜日

いよいよ日曜日。心拍数を上げて徹底的に脂肪を燃やします。ポイントは正確に、かつスピーディーに動くこと。そうすることで脂肪が燃えやすい心拍数になります。トレーニングは部位別ではなく、全身に効果的。運動時はもちろん、運動後も脂肪が燃えるアフターバーン効果も期待できます。

45秒 01 02 03 04 05 ✖ 2セット

01

インナートゥータッチ——内ももとお尻を同時に鍛えて下半身ほっそり

1

脚は肩幅に開く。姿勢はまっすぐに。

2

息を吸いながら、右ひざを引き上げて、左手で右のかかとをタッチしたら息を吐く。1に戻って反対も同様に。

NG

腰を丸めて、もも上げにならないように。

Point

脚は外から内へ蹴り上げると内ももに効く。

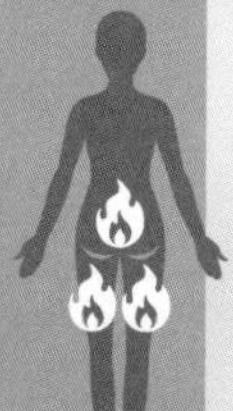

02 ステップカーフレイズ――ほどよく引き締まったかっこいいふくらはぎに

1

脚は肩幅に開き、手は頭の後ろに添える。

Point
親指のつけ根に体重を乗せる。

2

右足、左足の順に横に開く。

NG

1〜3の動きはかかとをしっかり床につける。つま先だけで動くのは×。

3

右足、左足の順に真ん中に戻す。

4

息を吐きながらつま先立ちをする。

1

脚は肩幅に開き、手を胸の前で組む。

2

息を吐きながら右脚を後ろに引いて、カラダを左にねじる。

NG

カラダをねじらずに、手だけが動いてしまう。

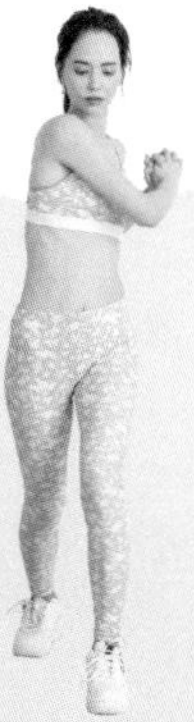

Point

後ろ足のかかとを上げることで、カラダがぶれなくなる。

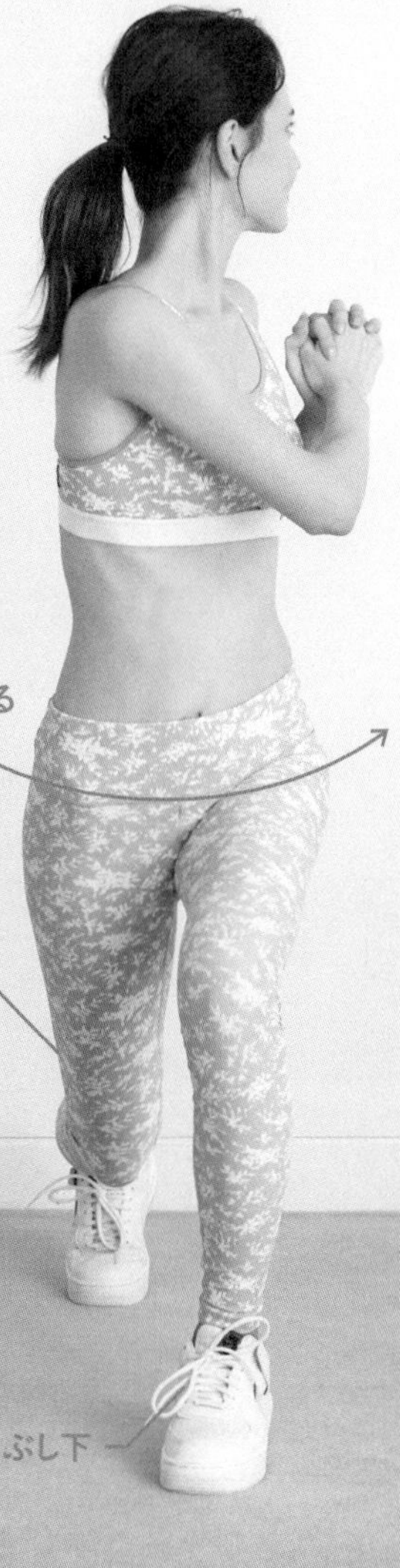

腰からねじる
真後ろに引く
重心は内くるぶし下

Side

ひざは90度

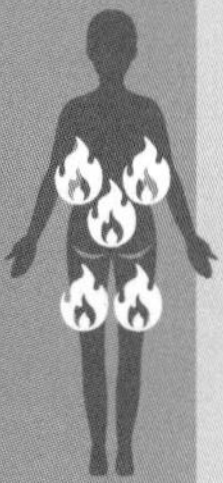

04 スクワットアームサークル ―― プリっとしたお尻、スッキリお腹も可能に

1

脚は肩幅より広く開いてひざとつま先は45度外側に向ける。太ももが床と平行になるまで真下にお尻を下ろす。手のひらを合わせて指先を床に向ける。

NG
カラダが丸まると前ももに負担がかかる。

Side
お尻を引く

ひざは外向き
90度
肩幅より広く
つま先は45度外側に

2

息を吐き、立ち上がりながら、腕で大きく円を描くようにして上げる。

05

ニーアップクランチ

――ぼよ〜んとたるんだお腹がぺったんこ

1

脚は肩幅に開き、ひじは90度に曲げて肩の高さまで上げる。

2

息を吐きながら右ひざを曲げて脚を上げながらひじに近づける。1に戻って反対も同様に。

NG

上半身が前に倒れすぎているとひじとひざがつけられない。

ひじとひざを近づける

みぞおちを丸める

Point

みぞおちを丸めて腹筋の伸び縮みを感じましょう。

立ち腹筋
豪華70分DVDつき

著　者　ユウトレ

2020年11月30日　初版発行

発行者　横内正昭
編集人　青柳有紀

発行所　株式会社ワニブックス
〒150-8482
東京都渋谷区恵比寿4-4-9えびす大黒ビル
電話　03-5449-2711（代表）
　　　03-5449-2716（編集部）
ワニブックスHP　http://www.wani.co.jp/
WANI BOOKOUT　http://www.wanibookout.com/

印刷所　凸版印刷株式会社
製本所　ナショナル製本

※本書のメソッドは著者独自のものであり、
効果・効用には個人差があります。
※事故やトラブルに関して本書は責任を負いかねますので、
あくまでも自己責任においてご活用をお願いいたします。
※本書のメソッドを行うことに心配や不安がある場合は、
専門家や専門医にご相談のうえお試しください。

ISBN 978-4-8470-9977-9

Staff

モデル	仲間リサ
スーパーバイザー	中矢邦子
装丁・本文デザイン	木村由香利（986DESIGN）
イラスト	内山弘隆
撮影	長谷川梓
ムービー	ノンキビーム
ヘアメイク	猪狩友介（Three PEACE）
構成	峯澤美絵
校正	深澤晴彦
編集	野秋真紀子（ヴュー企画）
編集統括	吉本光里（ワニブックス）

70min	COLOR	片面1層	無断公開不可	レンタル禁止	DVD VIDEO	DOLBY DIGITAL	16:9	2 NTSC	複製不能	日本語

DVDについて

【ご使用前にお読みください】このDVD-Videoは、私的視聴に限って販売されています。著作権者に無断で複製、改変、放送（有線、無線）、インターネット等による公衆送信、上映、レンタル（有償、無償を問わず）することは、法律によって禁止されています。

【ご注意】■このDVD-Videoは、DVD規格に準じて制作されています。必ずDVD-Video対応のプレイヤーで再生してください。DVDドライブつきPCやゲーム機などの一部の機種では再生できない場合があります。すべてのDVD機器での再生を保証するものではありません。■DVD-Videoは、映像と音声を高密度に記録したディスクです。再生上のくわしい操作については、ご使用になるプレイヤーの取り扱い説明書をごらんください。■ディスクの両面とも、指紋、汚れ、傷等をつけないようにお取り扱いください。ディスクが汚れたときは、メガネふきのようなやわらかい布で内周から外周に向かって、放射状に軽くふきとり、レコード用クリーナーや溶剤などは、ご使用にならないでください。■ひび割れや変形、また、接着剤などで補修したディスクは危険ですし、プレイヤーの故障の原因にもなります。ご使用にならないでください。

【保管上のご注意】■直射日光の当たる場所や高温多湿の場所には保管しないでください。

【視聴の際のご注意】■このDVD-Videoを視聴する際には、明るい場所で、なるべく画面より離れてごらんください。長時間続けてのご視聴は避け、適度に休息をとるようにしてください。

【図書館の方へ】■このDVDは映像などの著作権を含むため、館外への貸し出しはお断りします。

みんなの決意表明

ブレない私でいる! 最終目標ボディは?

❶決意表明 ❷氏名

❶ビキニを着ても恥ずかしくないメリハリボディ　❷makie1125
❶ダンサーさんの体型　❷uknowmaxline
❶太らない身体、クビレが欲しい　❷りぃ〜★
❶しなやかな身体になる!　❷喋る脂身
❶ずっと鏡で見ていたくなる身体♡　❷ささし
❶ノースリーブとスキニーが似合う身体!　❷とさ
❶にっくき下腹と、もも裏のセルライトを撃退したい!!!　❷ノン(Nonok_A)
❶目指せ石原さとみさんのような美ボディ!　❷はるこ@ダイエット中
❶数年前に着れたスーツを楽に着れるようになる　❷白滝
❶着たい服を格好良く着こなせる身体になる!　❷naka丸
❶元気で健康美人なママになる!　❷昭和
❶スキニーとTシャツが似合う女になる!　❷ゆりり
❶筋肉をつけながら身体を引き締める!　❷琥珀
❶好きな服を着ておしゃれを楽しむからだを手に入れる!　❷rimom
❶もも尻作る!! 健康的で若いママで居続ける!!　❷アラタ
❶意志を感じる、いつでも駆け出していける体(締まった二の腕、うっすら割れた腹筋、上がったお尻と膝)　❷にゃご
❶健康で美しく引き締まった体になる!!　❷ゆずまき♡
❶プレゼントしてもらったワンピースを可愛く着こなす!　❷つん
❶逆三角形の身体になる!!　❷りんたママ
❶死ぬまで自分の好きな服を着て、自分で歩けるカラダを作りたい　❷なし
❶健康的なスッキリした体になりたい!　❷まっちゃ
❶自慢できる妻、自慢できる母、最高の私　❷るきよ
❶メリハリボディになる　❷miemie
❶プリッとまる尻! &胴まわり引き締め!　❷花a月〜ハナツキ〜
❶全身しっかり引き締めボディ!!　❷紫姫
❶健康的な体を手に入れて綺麗なママになる!　❷ミツコDX
❶ジェニファーロペスのようなカッコいい体になる♡　❷のりぱん
❶白シャツ&スキニーの似合うアラカンになる!　❷よたぴー
❶振袖二の腕とぽっこりお腹を撃退したい。　❷ふわもこ
❶憧れの推しのために引き締める!!　❷イチジョウ
❶鏡に映った自分に自信が持てる身体になる!　❷エリオ
❶健康ボディでキラキラと輝く女性になる!　❷mik@chin
❶健康的なメリハリのある体になりたい!　❷玄米
❶旦那より痩せて夢のお姫様抱っこ　❷ちゃそ
❶バランス良く筋肉質な身体になる!!　❷るいのすけ
❶太らない身体づくり　❷さあ
❶しなやか且つ、張りのある体型　❷叶(かなう)
❶身長が近いきゃりーちゃんやみゆはんちゃんのようなスタイルが似合う体型になる!　❷メロウ
❶程よく筋肉のなるしなやかな美BODY　❷更紗
❶娘の卒業式でパンツスーツをかっこよく着こなす! 素敵ママになる!　❷ユキ
❶自信を持ちたい! 疲れにくい体になりたい!!　❷海ぶどうちゃん
❶綺麗なくびれと桃尻のメリハリボディになる　❷plumpyukiusagi
❶堂々と二の腕と足を出せる体になる!　❷maya/rate
❶人生を最高に楽しむことができるボディになる!　❷ネザランドワフ
❶着れる服じゃなく、着たい服を着れる体になる!　❷ふわりん
❶メリハリがある身体になりたい! 自信を付けたい!　❷ちゃんまー
❶お洒落が楽しくなる体型になる　❷masaekitapyon
❶女版の細マッチョになる!　❷ひろみ89541
❶娘の結婚式までに目標体型になる!　❷かめちゃん
❶引き締まったカッコいいカラダになる!　❷ひとみん
❶ハル・ベリーみたいなお腹　❷KANA
❶着たい服を素敵に着られる体型になる! 健康で幸せに筋トレして長生きする!　❷チョコミント好き
❶田中みな実さんのようなボディになる!!　❷うさたぬき
❶程よくマシュマロボディ　❷まい。
❶全体的に痩せたいが筋肉をつけたい　❷mei
❶全身引き締まった体　❷あいぽん
❶娘とお揃いのビキニを着る　❷azumi
❶旦那さんが惚れ直す美ボディになる!　❷るぅ。
❶程よい筋肉がついた、柔らかい女性らしいBODYになりたい!　❷紅☆
❶引き締まったメリハリボディー目指します!　❷とらじ
❶50歳過ぎてもずっと美ボディ　❷Karrie
❶カモシカのようaな長澤まさみのような脚になる!　❷ともっぺ
❶女性らしいしなやかな身体になる!　❷すみれ
❶育児中、子供たちに負けない体力をつける!　❷かもめ
❶最後の難関、二の腕とウエストを引き締める　❷momochin
❶脂肪と筋肉が共存した女神のようなカラダ　❷さんご
❶健康的で綺麗な身体を目指す!!　❷non*
❶パンツスーツでカッコよくキメる☆　❷杏JAM
❶チラリ見えたらおぉ! ってなる魅力的な腹筋　❷Maile☆
❶自分史上最高にお腹くびれたい!　❷ポンちゃん
❶お腹にタテ線をいれる!　❷てぃあどろっぷ
❶くびれと割れた腹筋を取り戻したい!　❷ふな
❶しなやかで引き締まった美body　❷ria
❶自分で自分を好きになれるカラダになる　❷ちゅかぽん
❶何でも服が似合うBODYになりたい!　❷mamimeme
❶1番スタイルが良かった小学生の頃の自分!!　❷もぐラ
❶ゼンデイヤのようなカモシカ脚になりたい!!　❷はち
❶着たい服をどれでも着れる体型になる!　❷痩せたい人生だった
❶着たい服が着れる、羨ましがられる健康的な体になる!　❷ゆいはろ
❶ラッシュガード着ないでもプールや海に入れる締まった身体になる!　❷むとー@yoshi610
❶健康に歳を重ねるための体力と筋力を付ける　❷ORI

❶ミニスカートが履けるくらい自分に自信がもてる身体　❷ちゃぬ
❶自分を好きになるために　❷味いっこ
❶年を取っても動ける体を今から作る！　❷まこも
❶Mサイズのコスプレの服が格好良く着こなせるボディになる☆　❷ゆか@永遠の小デブ
❶動きやすい健康的な体　❷秋-産後ダイエット
❶推しに恥じない位綺麗になる！　❷アオキ
❶もっと引き締めてしなやかボディーになる！　❷siesta
❶ボン・キュッ・ボン、健康的な色気の身体　❷mikakoma
❶とにかく標準体重範囲内におさめて不調根絶　❷朝昼兼
❶丸い桃尻とすらりとした筋肉の脚を目指す！　❷A smiles
❶この先も役者や被写体ができる魅力のある身体　❷小林あかね
❶ビキニが似合うスレンダーボディになる!!　❷ももいちご
❶目標はジェニファー・アニストンの身体！　❷Jen♡
❶峰不二子ちゃんみたいな砂時計ボディ　❷ちぃ♡
❶歳をとってもカラダ作りを継続&体型維持　❷いなけん
❶スーツの似合う、引き締まった格好良い身体　❷舞己
❶身長に適した健康的な体重と年齢を感じさせない若々しく美しい体型を手に入れます！　❷Nika
❶47キロになって打倒出口！　❷mapi
❶自分史上最高ボディーを手に入れる！　❷やすりえ
❶体力があってバランス良いボディになる　❷haru0607
❶引き締まった健康的な美Bodyになる！　❷ぽちゃ子
❶好きな服を好きなだけ着たい…。目指せ筋肉のあるしなやかな身体作り！　❷野良きち猫
❶自信を持ってノースリーブやドレスを着られる素敵なボディになる!!　❷ladymetamon
❶自分に自信が持てる身体になる!!　❷花咲あたる
❶一生動ける健康美ボディ！　❷みみ
❶メタボと脂肪肝からの脱却　❷鈴木陽子
❶砂時計のようなくびれに腹筋の縦線3本入り☆　❷カオリンご
❶体力を付ける・バランスのいい体型になる　❷ゆこ
❶グラマラスなボディになりたい!!　❷名無しのママA
❶骨格ストレートを意識した美ボディを手に入れる！　❷やふ
❶ビキニが映える美しい体　❷カイト@ボディメイクで自分を幸せにする
❶筋肉のある美しい身体　❷亜沙
❶デカイ人からスラリとした人へ！ 腰回りを引き締めて、タイトな服を着こなして街を歩きたい。　❷らいちの皮
❶メリハリのある身体　❷★SHOKO★
❶誰がなんと言おうと自分が幸せだと感じられる体型になる　❷どん
❶怪我をしにくい体になる！　❷すのぷり
❶健康的な筋肉美　❷遥香
❶贅肉を撲滅する！　❷ゆ。
❶女豹のようなしなやかで色気のある身体になる　❷がん子
❶少しでも綺麗な体型に戻る！ 太った事で抱えてしまった病気を改善できるぐらいに！ できることなら馬鹿にしてきた人達を見返す！　❷めぇ
❶どんな服も素敵に着こなす素敵ボディ！　❷とっぴら
❶どんなお洋服も着こなせるメリハリのある健康的な体になりたい!!　❷りらん
❶脱おばちゃん体型！　❷たねこ
❶子供とたくさん遊べる体力をつける！　❷華子
❶ノースリーブ・スキニーを堂々と着られる健康的なメリハリBODY　❷餡蜜
❶10キロ痩せて、娘の自慢の母になる！　❷まぽゆ
❶全身引き締まったボディになる　❷よっちゃん
❶正しい体で健康に美しく暮らす人になる　❷果那
❶毎日10分の筋トレを継続！　❷あんこ
❶ワンピースの似合うしなやかな身体になる！　❷yasue
❶スーツをかっこよく着こなせる体になる　❷m_mmm79
❶ウエディングドレスが似合うメリハリボディ！　❷智美
❶健康的で、自信のもてる綺麗な体型になる　❷千夜子
❶BMI20で適度に引き締まった砂時計ボディになりたい　❷かずちゃ
❶足が細いと言われてみたい　❷しおり
❶今までで一番綺麗な私になる！　❷脇山さん
❶好きな服を着こなす自信をつける！　❷千紘
❶女性らしさのあるメリハリボディ！　❷もぐ
❶たまに食べすぎてもすぐ元に戻せる健康な身体　❷ゆるーる
❶自分史上最高の私になる　❷雅MIYABI
❶年齢に負けない健康的な体になる！　❷ロビたんJKS
❶今の自分が好き！って自信が持てる体型　❷絹とうふ
❶うっすら縦線の入った腹筋　❷忍びかえる
❶自分に自信を持つ身体になる！　❷オキティ
❶ターミネーター2のサラ・コナーみたいな体になる！　❷あべかずみ
❶5年後の免許証更新までには引き締まってキレイになる！　❷ヤド・カリ
❶Tバックビキニを堂々と着こなせる体　❷ひろ@変わります
❶程よく筋肉をつけてしなやかに　❷マリ
❶服装に悩まないカラダになる。　❷Kana
❶筋トレ大好きになる！　❷ままん
❶服を格好良く着こなせる美ボディになる!!　❷らい
❶腹筋が割れてるカッコいいお母さんになる！　❷さらりん
❶10kg減量しポッコリお腹を無くす！　❷あざら氏
❶ガッカリしない自分でいる！　❷ちゃまめ☆
❶年齢を重ねても動ける身体を作る！　❷りざお
❶フルマラソン後半まで持つ体幹と美尻　❷tako1005
❶一生ものの身体を作る　❷なべぽん
❶年齢を打破するメリハリボディに!!　❷Nyann
❶健康的に痩せておしゃれを楽しみたい！　❷あぶらみ
❶程よく身体を引き締めキープ&ヨボ体質改善　❷chipe